Kerstin Micklitza

Wandern mit Kind

zu Fuß * per Rad * mit Kanu

BAND 15

OUTDOOR HANDBUCH

1. Auflage 1994

Alle Informationen wurden nach bestem Wissen und Gewissen zusammengestellt. Eine Garantie für die Richtigkeit von Preisen und sonstigen Angaben kann in unserer schnellebigen Zeit aber nicht übernommen werden.

Die Autorin ist für Hinweise und Verbesserungsvorschläge dankbar. Leser, deren Einsendung verwertet wird, werden in der nächsten Ausgabe genannt und erhalten als Dank ein Belegexemplar der neuen Auflage.

Text, Titelfoto — Kerstin Micklitza
Illustrationen — Anke Rocho
Lektorat — Conrad Stein
Gesamtherstellung — Fuldaer Verlagsanstalt

Von Kerstin (und André) Micklitza sind im Conrad Stein Verlag ebenfalls erschienen:
Tschechei/Tschechien/Tschechische Republik, Slowakei, Touren in Schlesien, Polen.

Dieses ReiseHandbuch hat 74 Seiten mit 15 Zeichnungen.

ISBN 3-89392-115-X — 001280

Inhalt

Über die Autorin

Kerstin Micklitza lebt mit ihrem Mann und der achtjährigen Tochter in Cottbus. Seit Jahren sind sie gemeinsam draußen unterwegs, meist zu Fuß. Dabei haben sie ihr Hobby zum Beruf werden lassen und bereits einige ReiseHandbücher über die Länder des östlichen Mitteleuropa für den Conrad Stein Verlag geschrieben.

Während ihrer zahlreichen Reisen sammelten sie selbst viele Erfahrungen beim *Wandern mit Kind*.

Danke

Meiner Schwester Anke danke ich sehr herzlich für die gelungenen Zeichnungen zu diesem Band.

Gehören Sie zu den Leuten, die schon immer oft und gern draußen in der Natur unterwegs waren? Vielleicht sind Sie irgendwann in einer der kühlen Zeltnächte schön näher zusammengerückt. Vielleicht so nah, daß sich inzwischen Nachwuchs eingestellt hat?

Und nun sehen Sie vorläufig erst mal schwarz für all' Ihre geplanten Outdooraktivitäten. Mit Kind einfach unmöglich, werden Sie denken, zu anstrengend, zu gefährlich, einfach unzumutbar.

Aber Sie brauchen deswegen noch lange kein tristes Dasein in den eigenen vier Wänden zu fristen. Behalten Sie Ihre Idee einfach im Hinterkopf, vielleicht läßt sie sich ja etwas "kindgerecht" abwandeln.

Vorliegendes Büchlein gibt Ihnen bei Ihren gemeinsamen Unternehmungen einige Anregungen mit auf den Weg.

Egal, auf welche Art Sie draußen unterwegs sind, ob zu Fuß, mit dem Fahrrad oder mit dem Kanu, in jedem Fall sind einige Tips und diesbezügliche Erfahrungen darin zu finden.

In diesem Sinne wünsche ich Ihnen und Ihrem Sprößling viel Spaß draußen!

Kerstin Micklitza — im Frühjahr 1994

Je eher, desto besser...

Die Frage, wie alt ein Kind mindestens sein muß, wenn man mit ihm auf Tour gehen will, ist nicht so einfach zu beantworten.

Im Grunde können Sie schon damit beginnen, wenn das Baby sich noch im Mutterleib befindet. Machen Sie mit Ihrem Begleiter ausgedehnte Spaziergänge. Dabei kann man Licht, Luft und Sonne tanken. Dies wirkt sich auf den Organismus von Mutter und Kind gleichermaßen positiv aus.

Vielleicht erleichtert die Bewegung im Freien ein bißchen die bevorstehende Entbindung. Sie brauchen es ja nicht gleich zu übertreiben - jede Frau kann selbst einschätzen, wieviel sie vertragen kann. Wir haben damals eine Woche vor der Geburt noch einige Kilometer Waldspaziergänge unternommen und es ist uns prima bekommen.

Wenn das große Ereignis dann stattgefunden hat, werden Sie voraussichtlich mindestens ein paar Wochen lang alle Hände voll zu tun haben. Es ist eine neue, für alle Beteiligten noch ungewohnte Situation eingetreten, die Ihnen den totalen Einsatz abverlangt. Aber das wird sich hoffentlich schnell einpegeln.

Nun eröffnen sich für Sie neue Dimensionen. Was für Sie bisher relativ uninteressant erschien, nimmt jetzt klare Formen an - die Nahziele vor der Haustür. Und seien Sie mal ganz ehrlich, kennen Sie wirklich schon alles in ihrer unmittelbaren Umgebung?

Sie werden staunen, wieviele schöne Ecken es im näheren Umkreis gibt. Und diese lernen Sie nun auch noch lange vor dem Rentnerdasein kennen.

Falls noch kein geländegängiger Kinderwagen organisiert wurde, ist das der erste Akt der Vorbereitung.

Sie können damit Feld- und Waldwege unsicher machen. Bei einigen Modellen kann man das Oberteil abnehmen und schnell in eine Tragetasche umfunktionieren, das hat den Vorteil, daß das Kind überall schnell mit hineingenommen werden kann.

Der Sprößling ist zufrieden, weil Sie immer in seiner Nähe sind, und das ständige Schaukeln und die frische Luft werden ihn bald einschlafen lassen. Dies wiederum bringt auch den Großen die ersehnte Ruhe, die sie nach wiederholtem Dauergebrüll dringend nötig haben werden.

Bei entsprechendem Wetter kann man Touren mit dem Kinderwagen beliebig ausdehnen. Falls noch gestillt wird, findet sich dafür sicher ein ruhiges Plätzchen. Die Milch für ein Fläschchen läßt sich in der Thermoskanne mitnehmen. Bei Nachfrage wird man sie bestimmt in einem Gasthaus auch aufwärmen können.

Schwieriger gestaltet sich die Windelwechselprozedur. Im Sommer läßt sich das leicht auf jeder Wiese abwickeln. Im Winter ist man dagegen auf das Entgegenkommen seiner Mitmenschen angewiesen. Am besten bringen Sie Ihr Anliegen freundlich aber direkt hervor, es findet sich garantiert irgendeine Möglichkeit.

Als wir einmal mit unserer halbjährigen Tochter im Zug unterwegs waren, kündigte sich die Unannehmlichkeit in ihrem hochroten Gesicht und unüberriechbar an. Der Waggon war allerdings hoffnungslos überfüllt und wir mußten uns notgedrungenermaßen Zutritt zu einem Abteil der 1. Klasse verschaffen. Dort wurde dann schnell der Windelwechsel vollzogen.

Unsere Tochter schien wieder zufrieden, aber ein gegenübersitzender junger Mann wurde kreideweiß und verließ fluchtartig das Abteil.

Die "Kinderwagenabenteuer" werden Sie eine ganze Weile erleben können. Günstig ist dabei, daß man kaum etwas tragen muß, höchstens einen kleinen Tagesrucksack. Alles andere verstaut man bequem im Korb oder Netz und schiebt das Gewicht vor sich her, was, wie Sie später noch merken werden, äußerst angenehm ist.

Wenn es soweit ist, daß Ihr Sprößling längere Zeit frei und sicher sitzen kann, wird es wiederum einen Qualitätssprung geben. Nun benutzt man gern eine Rückentrage, kann auch querfeldein gehen, auf Berge klettern usw.

Erzwingen Sie aber nichts zu früh, denn sonst kann der Ausflug für's Kind zur Qual werden, unter Umständen können sogar bleibende Haltungsschäden eintreten. Also unbedingt erst beim sicheren Sitzen damit beginnen. Auch sind häufige Pausen einzulegen, um ihrem Nachwuchs selbst die Möglichkeit zur Bewegung zu geben.

Testfahrt mit neuem Anhänger

Er oder sie kann nun schon krabbeln und erste Schritte gehen. Die Welt ringsherum ist interessant, will erforscht werden. Beim Sitzen in der Trage wird es überhaupt nicht langweilig. Der Rücken der Eltern läßt ungeahnte Ausblicke zu.

Vorübergehende Mitmenschen lächeln freundlich und man revanchiert sich so gut es geht.

Nachdem unsere Tochter Isa diese Vorzüge erkannt hatte, endete das Verlassen der "Kiepe" fast immer mit lautem Geheul.

Lassen Sie sich bloß nicht überrumpeln, wenn aus Ihrem Kind ein richtiger Outdoorer werden soll, gewöhnen Sie es frühzeitig daran, selbst zu laufen.

Natürlich brauchen Sie sich nun nicht mehr unbedingt nur zu Fuß bewegen, wenn Sie leidenschaftliche Radler oder Kanufahrer sind, ist auch dieses möglich. Für das Fahrrad kann man selbst einen Anhänger bauen, viele haben das schon praktiziert. Später reicht ein normaler Kindersitz aus.

Sowohl beim Radfahren als auch im Kanu ist allerdings wieder auf "Ausgleichsbewegung" zu achten. Wer ein Kleinkind im Boot mitnimmt, legt ihm unbedingt eine Schwimmweste an.

Wenn wiederum einige Zeit verstrichen ist, wird Ihr Kind selbst aktiv werden wollen. Es genügt nicht mehr, es nur mitzunehmen. Drücken Sie ihm selbst das Paddel in die Hand. Tragen Sie's mit Fassung, wenn sich das Kanu ewig im Kreis dreht und Sie praktisch von einem Ufer ans andere driften. Wichtig ist in erster Linie der Spaß beim Paddeln.

Nur so können Sie den Nachwuchs für Ihre Pläne begeistern. Prinzipiell trifft das Gleiche zu Fuß oder beim Radeln zu. Sie werden in jedem Fall auf Ihr Kind eingehen müssen, wenn Sie wollen, daß es auch später noch gern derlei Aktivitäten mit Ihnen unternimmt.

Unter Umständen wird Sie eine solche Unternehmung mehr Kraft kosten, als wenn Sie ohne Kind(er) unterwegs wären, aber das müssen Sie einkalkulieren. Während wir heute manchmal unter der Last unserer Rucksäcke stöhnen, hat unsere Kleine schon längst einen Gipfel vor uns erreicht.

Wie man Interesse weckt

Bevor Sie zu mehrtägigen oder gar -wöchigen Wanderungen aufbrechen, bereiten Sie Ihr Kind gründlich darauf vor. Davon hängt zum großen Teil ab, wie Sie die Zeit draußen gemeinsam erleben werden. Junge Outdoorer lassen sich schnell für ein Vorhaben begeistern, ist erst die Neugier geweckt.

Da kann beispielsweise ein Diaabend über betreffendes Zielgebiet veranstaltet werden. Zeigen Sie Besonderheiten der Region, machen Sie alles etwas schmackhaft. Ihr Sprößling wird sich von allein einschalten, denn es ergeben sich tausend Fragen für ihn.

Erzählen Sie von einem Tier oder einer Pflanze, dann entsteht von selbst der Wunsch, dies zu betrachten. Beispielsweise erzählen die Eltern: "In dem Wald wo wir wandern wollen, wachsen Bäume, die sind so dick, daß wir sie nur zu dritt umfassen können. Wenn wir dort sind, können wir es ja mal ausprobieren". Nun wird Ihr Kind diese dicken Bäume sehen wollen und zum baldmöglichen Start drängeln.

Lassen Sie Kinder ihre Vorstellungen zur bevorstehenden Reise einbringen, entscheiden Sie nicht alles über ihre Köpfe hinweg.

Auch Bildbände kann man anschauen, allerdings sind Dias allein durch ihre Größe und Farbe beeindruckender. Außerdem ist "Abends länger aufbleiben" schon etwas Tolles für sich.

Die Fantasie regt man zusätzlich an, indem Geschichten oder Sagen über den Landstrich erzählt werden. Wir waren häufig im böhmisch-schlesischen Riesengebirge unterwegs und haben unserer Tochter Geschichten über Rübezahl, den riesigen Berggeist, vorgelesen.

In den Bergen beteuerte sie uns mehrmals, ihn tatsächlich gesehen zu haben. Ältere Herren mit langen Bärten mußten dann als Rübezahl herhalten. Im Herbst, als die Frühnebel aufzogen, meinte Isa: "Schaut doch mal, der Rübezahl hat heute seine Waschmaschine angeworfen!"

Wer im Schwarzwald unterwegs ist, sollte ruhig mal das Märchen vom "Kalten Herz" erzählen. Es gibt aber auch sehr viele Geschichten, die in jede beliebige Waldregion passen. Vielleicht erfinden Sie selbst eine Story, in der ihre Tochter oder der Sohn drin vorkommt. Bei entsprechender Übung werden Sie selbst Spaß daran haben. Es lassen sich sogar prima Geschichten für die großen Leute erfinden.

Vorheriges Aufsetzen des Rucksackes und Anprobieren der Draußenbekleidung weckt zusätzliche Vorfreude. Nach Meinung der Kleinen könnte es jetzt am liebsten sofort losgehen. Doch bevor Sie zu großen Unternehmungen aufbrechen, benützen Sie die freien Wochenenden zuvor für Tagesausflüge. "Testen" Sie Ihr Kind ein bißchen, dann werden Sie schnell herausfinden, was Sie ihm zutrauen können oder was nicht.

In Aussicht gestellte Zeltübernachtungen oder Lagerfeuer begeistern fast alle Kids. Haben sie selbst erst einmal derartige Aktivitäten erlebt, sind sie kaum zu bremsen. Eine zusätzliche Motivation ist dann nur noch selten notwendig.

Und wenn das große Packen einsetzt, dann nur keine Hektik verbreiten. Lassen Sie die Kinder daran teilnehmen. Wenn auch sonst mit jedem Gramm gegeizt wird, beim Lieblingsteddy wird man immer noch Kompromisse eingehen müssen.

Alles in allem sind Kinder für Outdooraktivitäten sehr zu begeistern, vor allem dann, wenn man auf ihre Wünsche und Vorstellungen eingeht und sie mit in die Tourenplanung einbezieht.

Ausrüstung

Spielzeug

Den Begriff Ausrüstung verstehen wir am besten aus der Sichtweise unserer Kinder. Für sie ist das Spielzeug ein ganz wesentlicher Teil ihrer Ausrüstung und er muß in jedem Fall Berücksichtigung bei den Überlegungen der Großen finden.

Würden die Prioritäten von unseren Kleinen gesetzt, dann müßte wahrscheinlich das halbe Kinderzimmer mit, denn schließlich wollen ja alle Puppen, Plüschtiere usw. die frische Waldluft atmen oder die große weite Welt live erleben. Man kann nur hoffen, daß sich die Anzahl der kuscheligen Reisegefährten von selbst minimiert, wenn der Sproß erfährt, daß er sein Spielzeug nach Möglichkeit allein zu tragen hat.

Papa wußte genau wo wir waren

In einem Kinderrucksack für Vier- bis Fünfjährige könnten folgende Spielsachen sein:

- das kleinste und leichteste verfügbare Kuscheltier
- ein kleiner Ball oder ein paar Luftballons
- ein Beutel Murmeln
- ein Springseil
- zwei kleine Geschichtenbücher oder Reisespiele
- ein Malblock (um Erlebtes aufzeichnen zu können)
- einige Buntstifte.

Sie werden merken, daß diese Beschäftigungsmaterialien allesamt verhältnismäßig leicht sind und nicht viel Platz beanspruchen. Sie können diese "Last" ihrem Kind getrost überlassen.

Zudem sind Buch, Malblock und Stifte sowie das Lieblingskuscheltier zur teilweisen Überbrückung von langen Bahn- oder Flugreisen geeignet.

Der Aufenthalt in der Natur unterscheidet sich in vielerlei Hinsicht vom üblichen Alltag. Die Eindrücke draußen sind so groß, daß auf Spielzeug in der genannten Form möglicherweise sogar ganz verzichtet werden kann.

Natürliche Materialien bieten sich von selbst zum Spielen an, man findet verschiedene Blätter, Blumen, Eicheln, Kastanien, Steinchen, Muscheln und vieles andere mehr. Außerdem will man Tiere beobachten, Holz für ein Lagerfeuer zusammentragen, das Zelt mit einrichten usw.

Kinderrucksack

Der Rucksack ist das ideale Transportmittel für unterwegs. Man hat die Hände frei in allen Situationen, beispielsweise bei einer Klettereinlage. Außerdem gibt es für Kinder immer etwas aufzuheben, anzufassen und zu untersuchen.

Wenn Sie häufig wandern, dann kaufen Sie kein Billigprodukt. Probieren Sie mit ihrem Kind den Rucksack im Geschäft an, er muß passen, bequem sitzen. Achten Sie auch auf die Breite der Träger, sie sollten nicht zu schmal sein.

Jack Wolfskin hat z.B. das Modell Urmel für Kinder von drei bis acht Jahren entwickelt. Maße und Proportionen wurden kindgerecht angepaßt. Sein Volumen beträgt etwa sieben Liter und der Preis für dieses Teil ist mit DM 29,50 durchaus zu verkraften.

Eine Reihe von Tagesrucksäcken, die für Erwachsene hergestellt wurden, eignen sich auch für Kinder, wenn Sie die Trageriemen entsprechend verstellen. Probieren Sie mehrere aus, dann werden Sie den Rucksack für Ihren Nachwuchs schon finden. Nicht zuletzt soll er ihm oder ihr selbst schließlich auch noch gefallen.

Bekleidung

Was sich bei den Großen bewährt hat, gilt prinzipiell auch für die Kleinen. Es ist aber zu beachten, daß Kinder sowohl aus ihrer Bekleidung als auch aus den Schuhen sehr schnell herauswachsen.

Ein **Rucksack** wächst sozusagen mit, man kann ihn entsprechend der Körpergröße einstellen. Bei der Auswahl der Bekleidung sollte man sich vorher fragen, ob es die teuerste High-Tech-Ausrüstung sein muß.

Wahrscheinlich würde das Teil sowieso nur wenige Monate passen. Versuchen Sie also zu improvisieren, abgesehen natürlich von den Schuhen, die müssen in jedem Fall richtig sitzen.

Am besten ziehen wir uns nach der **Zwiebelmethode** an, d.h. mehrere dünne Schichten übereinander. Das ist vorteilhafter als nur ein dicker Pullover oder Anorak. Und glauben Sie nicht, daß Ihre zwölfmal umsonst mitgeschleppte Regenjacke beim dreizehntenmal zu Hause bleiben kann, erst recht nicht die ihres Kindes, denn gerade dann wird es wie aus Kannen gießen.

Fangen wir mit dem wichtigsten Bekleidungsteil an, den **Schuhen**. Sie sollten unbedingt bequem und schon eingelaufen sein. Daher rechtzeitig mit der Vorbereitung einer Wanderung beginnen. Der eilige Kauf einen Tag vor dem Start kann unter Umständen später draußen zur Qual werden. Die Füße ermüden dann schnell, Reibestellen oder gar Blasen können die Tour zur grausamen Tortur werden lassen.

Der Schuh sollte leicht und etwa knöchelhoch sein, dazu eine gute Profilsohle aufweisen. Dachstein bietet für Kinder das Modell "Wicky" an, ein ultraleichter Trekkingschuh mit trittsicherer Haftprofilsohle und weichem Veloursléderschaft mit atmungsaktiven Nyloneinsätzen.

Von Meindl gibt es "Nicky" in den Größen 25 bis 39. Lowe hat Trekkingschuhe auf den Markt gebracht, die der Anatomie des Kinderfußes entsprechen (Größen 28 bis 38).

Die Filialen von Globetrotterausrüstungen (Hamburg und Dresden) bieten zwei weitere Modelle an: "Merell Sidekick" und "Hi-Tec Sierra Lite Junior". Beide sind mit 440 g bzw. 500 g leichte Kinder-Wanderstiefel, die den Füßen einen sehr guten Halt geben. Die stoßdämpfenden Sohlen besitzen ein sehr griffiges Profil. Beim Merell Sidekick ist die Innensohle auswechselbar. Hi-Tec Sierra Lite Junior hat Zunge und Fersenrand gepolstert. Das Obermaterial besteht jeweils aus Leder, verbunden mit Cordura bzw. Nylon.

Falls Ihnen der Preis der genannten Schuhe zu hoch ist (die beiden letzten Modelle kosten DM 99 bzw. 79), greifen

Sie besser auf einen einfachen knöchelhohen Sportschuh zurück. Aber dieser sollte möglichst auch stabil und mit einer Profilsohle versehen sein.

Achten Sie bei der Bekleidung darauf, daß sie **atmungsaktiv** ist, denn gerade Kinder schwitzen recht schnell. Weht dann noch ein kühler Wind, haben sie sich im Nu erkältet. Wie bei den Schuhen wird aber auch hier in erster Linie entscheidend sein, wie weit Sie ihren Geldbeutel öffnen wollen.

Viele Wanderer schwören seit eh und je auf Baumwollwäsche. Sie vermittelt ein angenehmes Tragegefühl und saugt den Schweiß recht schnell auf. Der große Nachteil: die Wäsche bleibt relativ lange feucht.

Wer sich trotzdem vom Angebot zahlreicher Ausrüster "bezirpsen" lassen will, wählt hier ruhig ein bis zwei Größen reichlicher. Bei den Pullis kann man die Arme, bei den Hosen die Beine umschlagen. So wächst Ihr Sproß erst noch in sein Lieblingsteil hinein.

Fleecepullover und -hosen werden heute von vielen Firmen angeboten, so z.B. von Creepy Kid, Jack Wolfskin, Lowe oder North Face. Mit dem Jack Wolfskin Teddy ist unsere Tochter sehr zufrieden. Aus Polartec 200, ist er sehr kuschelig, gegenüber Schmutz unempfindlich, wärmt auch noch im nassen Zustand und sieht prima aus. Vor allem das Tatzenlogo scheint viele Kinder zu begeistern. Der erste optische Eindruck entscheidet schon bei Kindern darüber, ob ein Stück gefällt oder nicht.

Für Schlechtwetterperioden produziert K-Way eine zweckmäßige Regenbekleidung. Die Palette reicht vom Babyoverall über Kinderblousons bis hin zum Regenponcho. Die Kollektion ist zudem preiswerter als solche aus

Gore-tex oder Sympatex. Jeantex bietet Regenjacke und -hose in den Größen 92 bis 176 an (Jeantex Billy DM 59 und Jeantex Maren DM 39).

Schlafsäcke

Wird eine Zelttour geplant, muß ein ausreichend warmer Schlafsack mitgenommen werden.

Big Pack entwickelte "Little Dream" (Synthetik-Schlafsack, DM 159) inclusive Schlafsack für den Lieblings-Teddy. Der "Little Bear/Little Panda" ist ein Daunenschlafsack (DM 239), ebenfalls mit Teddyschlafsack. Allerdings ist dieses Modell als "Panda Synthetic" auch ohne Minischlafsack und Bärchen erhältlich (DM 189).

Beim Zelten ist es richtig gemütlich

Von Climb High gibt es drei Modelle speziell für Kinder und Jugendliche: Youngster, Ducky und Bambino.

Der "Youngster" zählt gegenwärtig zu den beliebtesten Kinder- und Jugendschlafsäcken. Er wärmt auch noch im feuchten Zustand, sein Einsatzbereich reicht vom Frühjahr bis zum späten Herbst. Mit einem Gewicht von nur 1.300 g kann er sogar vom Jüngsten selbst getragen werden.

Der "Ducky" ist ein Kunstfaserschlafsack bis 120 cm Körpergröße. Er besitzt in puncto Qualität und Leistung die gleichen Merkmale wie ein Erwachsenenmodell.

Der "Bambino" ist ein Allround-Schlafsack bis 145 cm Körpergröße. Praktisch kann man ihn in der Hütte, im Zelt oder auch unter freiem Himmel nutzen.

Einen Kunstfaserschlafsack für Kids bis zu 140 cm Körpergröße produziert Ajungilak mit dem "Igloo Junior" (DM 169). Eine preiswerte Alternative dürfte der "Mini Bag" von Explorer darstellen (DM 59). Die Füllung besteht hier aus einem Hohlfaser-Polyesterwatte-Gemisch. Ob Ihr Sproß darin eine kühle Nacht unbeschadet überstehen kann, ist aber fraglich.

Ohne Zweifel läßt sich auch ein "normaler" Schlafsack verwenden. Außerdem kann ihn Ihre Tochter oder der Sohn im ausgewachsenen Zustand immer noch nutzen. Im ungünstigsten Fall verschwindet der kleine Schläfer (oder die Schläferin) völlig darin oder strampelt sich frei, wenn's keiner merkt und deckt sich den Rest der Nacht mit diversen herumliegenden Kleidungsstücken zu.

Dem Versinken im Schlafsack kann man entgegenwirken, indem man einen Gürtel um das Fußende legt und der Größe entsprechend an dieser Stelle zuzieht. Aus dem Schlafsack für Große kann man so ganz schnell einen Kinderschlafsack zaubern.

Eine weitere Möglichkeit ist das Koppeln zweier "normaler" Schlafsäcke. Mit einem kleinen Kind finden Sie darin auch zu dritt Platz und können sich zudem gegenseitig wärmen. Bei größeren Kindern würde ich allerdings davon abraten, sie benötigen ihren eigenen Freiraum. Wer dabei noch häufig seine Schlafstellung ändert, nötigt in diesem Fall auch seine Nachbarn zu einem Lagewechsel. Das bedeutet ein unruhige Nacht für alle.

Kindertragen

Wenn Sie gern zu Fuß unterwegs sein möchten, dann eignen sich für Kleinkinder bis zu drei Jahren Kindertragen.

Diese werden z.B. von der norwegischen Firma Bergans, von Karrimor, vauDe oder Tough Traveller angeboten.

Auf diese Art können die Knirpse von oben alles gut beobachten und haben einen engen Körperkontakt zu Mutter oder Vater. Im Alter zwischen zwei und drei Jahren werden so Ganztagestouren möglich. Während des Tages kann der Zwerg auch ganz gut ein Nickerchen darin machen. Der große Vorteil solcher Tragen liegt in der Mobilität, man kann sich praktisch in jedem Gelände frei bewegen.

Viele dieser Tragen besitzen ein recht gutes Standvermögen. Das bedeutet aber nicht, daß Sie ihr Kind unbeaufsichtigt darin stehen lassen können, die Trage ist kein Kindersitz. Bleiben Sie immer in Reichweite des Kindes.

In puncto Ausführung und Tragequalität scheint derzeit die Firma Tough Traveller führend. Hier stelle ich drei Modelle in unterschiedlichen Preisklassen vor:

"Bronco" heißt die einfachste Ausführung, bestehend aus Alu-Tragegestell mit abklappbarem Standfuß, gepolsterten Hüft- und Schultergurten, luftdurchlässigem Netzrückenpolster, Schultergurt-Entlastungszügen, verstellbarer Sitzfläche und einem Sicherheitsgurt für's Kind. Unter dem Sitz befindet sich eine große Reißverschlußtasche. Die Trage kann flach zusammengelegt werden, Gewebe und Tragesystem lassen sich zur Reinigung trennen. Der Preis für dieses Teil beträgt ca. DM 200.

"Kid Carrier" hat die gleichen Vorzüge wie sein Vorgänger. Zusätzlich kann man die Schultergurtaufhängung auf vertikaler Alu-Schiene verstellen. Sitzfläche und Seitenwände sind gegenüber Bronco gepolstert, die Sitzumwandung ist auch wesentlich höher. Der Preis: DM 269.

Das Topmodell ist ohne Zweifel "Stallion", gegenüber Kid Carrier wurde der Hüftgurt verstärkt, außerdem mit Cordura rutschfest bezogen. Die Schultergurte und das Netzrückenteil wurden sehr gut gepolstert, insgesamt ein exzellenter Tragekomfort.

Trotz allem müssen Sie Ihr Kind natürlich immer noch tragen! Kid Carrier und Stallion (Preis ca. DM 300) eignen sich für Steppkes bis zu 4 Jahren.

Eine preiswerte Alternative ist die "Nomad"-Kindertrage mit DM 99. Sie ist ebenfalls zusammenklappbar, mit Kopf- und Fußstütze, gepolsterten Hüft- und Schultergurten sowie einem Fixierungsgurt für's Kind. In einem flachen Rucksackfach ist genug Platz für Windeln oder die Flasche.

Ernährung

Über's Essen draußen gibt's verschiedene Ansichten. Die einen schwören auf Müsli, die anderen auf eine handfeste Salami. Wichtig ist in jedem Fall, daß es schmeckt. Was Kinder mögen, findet man schnell heraus. Saftiges schmeckt besser als Trockenes, Obst ist dabei der Favorit.

Wenig geeignet sind klebrige Durstmacher. Im Gegensatz zum Essen braucht man unterwegs viel Flüssiges. Kinder trinken etwa anderthalb bis zweimal soviel wie Erwachsene. Kohlensäurehaltige Getränke in Dosen sind ungeeignet. Der Inhalt muß nach dem Öffnen zwangsweise ausgetrunken werden. Außerdem produziert man unnötigen Müll.

Empfehlenswert für unterwegs sind u.a.: Knäckebrot, Müsliriegel (mit Joghurt, Früchten oder Nüssen), Milchpulver, Fruchtsaft, Tee, Schokolade, Trockenfrüchte, Kekse. Falls man nur einen ganzen Tag unterwegs ist, eignen sich auch Brot, Käse, gebratenes Fleisch, hartgekochte Eier, geräucherte Wurst und Obst. Für einen längeren Trip können Sie das aber wieder vergessen, denn für mehrere Tage ist es nicht zu "schleppen", es verdirbt auch zu schnell.

Auf fertig geschmierte Brote sollten Sie im Sommer aber auch bei einer Eintagestour verzichten. Die Brote werden schnell unansehnlich, wenn man sie ein paar Stunden durch den warmen Sommertag trägt.

Süßigkeiten sind nicht nur als Kohlenhydratspender zu sehen, sondern auch als kleine Anerkennung für geleistete Etappen. Wenn möglich, kauft man Obst am besten unterwegs, da es im Rucksack zu voluminös und verhältnismäßig schwer ist und zerdrückt werden kann.

Nimmt man einen Kocher mit, dann eignen sich vor allem Tütensuppen, Reis und Teigwaren. Auch zahlreiche getrocknete Fertiggerichte werden angeboten, in der Regel sind diese aber teuer. Sie eignen sich speziell für längere Touren in der Wildnis, wo Sie auf solche Art Verpflegung gern zurückgreifen werden. Vielleicht berücksichtigen Sie bei Ihrer Planung ja auch die Gasthäuser am Weg...

Lassen Sie Ihre Kinder auch landestypische Gerichte probieren, selbstverständlich nur, wenn diese bei Ihnen selbst vorher keine unangenehmen Empfindungen hervorgerufen haben, denn die Skala der darauffolgenden Reaktionen kann breit gefächert sein.

Gewicht, Packvolumen und evtl. auch Geld kann man sparen, indem man Lebensmittel vor Ort einkauft. Auf diese Weise unterstützt man die örtliche Bevölkerung ein bißchen, was insbesondere in ärmeren Ländern von Bedeutung ist.

Reiseapotheke

Kinder reagieren in vielen Situationen anders als Erwachsene, sie erkennen eine drohende Gefahr nicht als solche.

Sie können über einen steinigen Weg rennen, stolpern, sich die Arme, Knie oder den Kopf aufschlagen.

Oder sie sehen eine giftige Schlange, erschrecken, treten nach ihr und werden gebissen. Natürlich kann man sich nicht gegen alle Widrigkeiten hundertprozentig schützen, aber die Beispiele zeigen, wie wichtig eine Reiseapotheke im entscheidenden Moment sein kann.

Glücklicherweise haben wir selbst kaum Gebrauch von ihr machen müssen, abgesehen von einem gelegentlichen **Pflaster**. Wer zu Fuß unterwegs ist, den werden dann auch eher kleine Übel plagen, die Blasen. Um ihre weitere Ausbildung zu verhindern, kann ein Pflaster zur richtigen Zeit von ungeheurem Nutzen sein.

Unter Umständen verrenken oder verstauchen Sie sich Füße oder Knie, dann brauchen Sie ein bis zwei **elastische Binden**. Außerdem empfiehlt sich die Mitnahme einer kleinen Schere und antiseptischer Lösung.

Wir auf Tour

Eine **Wundsalbe** sowie eine Salbe gegen Verstauchungen und Sonnenbrand sollten nicht fehlen.

Wenn Ihre Kinder an Brombeeren naschen, ist es möglich, daß Dornen unter die Haut geraten. Mit einer **Pinzette** lassen sich diese relativ problemlos herausziehen. Auch in Zeckenregionen erweist sich die Pinzette als äußerst hilfreich.

Findet man die Zecke recht früh, d.h., wenn sie sich noch nicht zu tief in die Haut hineingefressen hat, beträufelt man die Stelle mit etwas Öl (Sonnenöl hat man bestimmt dabei) und dreht den "Sauger" mit der Pinzette vorsichtig heraus. Wichtig, daß der Zeckenkopf nicht in der Haut stecken bleibt, anderenfalls ist ein Arzt aufzusuchen.

Fieberzäpfchen, **Schmerztabletten** und auch **Mittel gegen Durchfall** oder Verstopfung helfen im Notfall.

In mückenreichen Regionen (Skandinavien) unbedingt ein **Mückenschutzmittel** oder ein Mückennetz für den Kopf mitnehmen. Insektenstiche bereiten zwar Juckreiz oder Schmerzen, sind aber meist ungefährlich, wenn Sie nicht gerade in Mundschleimhaut oder Zunge gestochen werden. Besonders für kleine Kinder stellt dies eine Gefahr dar, die sie beim Essen nicht unbedingt erkennen. Falls Ihr Kind im Mund- oder Rachenraum gestochen wird, geben Sie ihm, wenn möglich, Eis zu lutschen, um eine Anschwellung bzw. drohende Erstickungsgefahr zu verhindern. Ein schnellstmöglicher Arztbesuch ist dann unumgänglich.

Obwohl selten geschehen, muß auch mit einem evtl. **Schlangenbiß** gerechnet werden. Der oder die Betroffene muß in einem solchen Fall absolut ruhig gelagert werden. Oberhalb der Bißwunde abbinden. Danach ebenfalls sofort den Arzt aufsuchen. Globetrotter Ausrüstungsläden bieten auch spezielle Schlangenbiß-Sets an, die sich bei einem Aufenthalt in der Wildnis als lebensrettend erweisen könnten.

Wenn Sie in die Tropen reisen wollen, konsultieren Sie vorher einen Arzt. Er wird die nötigen **Impfungen**, Informationen zum Zielgebiet usw. geben können.

Endlich draußen

Zu Fuß

Nun sind Sie mit Ihrem Sprößling gegen fast alle Eventualitäten gewappnet, bestens ausgerüstet und gründlich vorbereitet. Sie können jetzt in die Natur aufbrechen.

Das Grundprinzip aller Unternehmungen ist natürlich: Das Tempo wird vom schwächsten Teilnehmer bestimmt, in unserem Fall den Kindern. Sie werden von ihren Eltern meist eher unterschätzt als überfordert. Am besten bemüht man sich um ein gleichmäßiges Wandern, häufiges Stehenbleiben bergauf ermüdet viel schneller als ein langsamer aber stetiger Aufstieg.

Bei Fußwanderungen sollten nicht mehr als 15 km pro Tag eingeplant werden, abhängig natürlich von Lust und Laune des Kindes, von Wetterlage und Wegprofil. Man legt mehrere kleine Pausen ein, die, ausgleichend für die beanspruchte Muskulatur, zu sportlichen Spielen für die Kids genutzt werden können.

Bei der Planung der Wegstrecke ist zu berücksichtigen, daß man möglichst nicht allen Schwierigkeiten aus dem Weg gehen sollte. Eine sehr bequeme, möglichst noch gepflasterte oder asphaltierte Forststraße entspricht keineswegs den Vorstellungen der Kleinen. Für sie ist im wahrsten Sinne des Wortes der **Weg das Ziel**. Achten Sie also auf abwechslungsreiches Areal. Der Entdeckungsdrang und die Phantasie der Kinder kann schon durch die Wegbeschaffenheit enorm unterstützt werden.

Kleinkinder sind zumeist **Frühaufsteher**. Oft holen sie ihre Eltern gnadenlos aus dem Schlafsack. Der Vorteil daran: so kann schon vormittags ein gutes Stück der geplanten Etappe zurückgelegt werden.

Bis Mittag sollten es etwa zwei Drittel der Strecke sein. Falls Sie im Gebirge unterwegs sind, ist es günstig, den Gipfel bis ca. 11 Uhr zu erreichen. Erstens werden Sie morgens noch ausgeruht und frisch sein, zweitens ist es im Sommer ratsam, nicht gerade zur größten Hitze unterwegs zu sein, drittens bleiben immer noch genug Zeitreserven für unvorhergesehene Ereignisse. Auch ist es angenehmer, Sie können dann an einem besonders attraktiven Ort etwas länger verweilen oder ganz in Ruhe eine Entdeckung genießen.

Beachten Sie beim Zeitplan auch **Freiräume** für Ihre Kinder. Geben Sie Ihnen die Möglichkeit, sich im Gelände frei zu bewegen. Sie müssen Ihren Nachwuchs dabei nicht ständig überwachen oder gar an die Hand nehmen. Wenn ein gefährliches Terrain ausgeschlossen werden kann, lassen Sie die Kinder ihren eigenen Gedanken oder Entdeckungen nachgehen. Unsere Tochter hat sich manch halben Tag nur der Unterhaltung mit einem Marienkäfer hingegeben.

Überlegen Sie sich bei der Planung der Wegroute deren **Verlauf**. Es ist ein Unterschied, ob Sie von A nach B oder von B nach A laufen. Das Höhenprofil spielt dabei eine wesentliche Rolle. Der steilere Weg wird besser für den Aufstieg genutzt, denn bergab ist er noch belastender. Generell sollte der schwierigere Teil in der **ersten Tageshälfte** absolviert werden.

Auch der **Stand der Sonne** oder die Windrichtung zum Wanderer ist eine Überlegung wert. Wandern Sie z.B. im Winter, möchten Sie die wärmenden Sonnenstrahlen vielleicht lieber im Gesicht als im Rücken haben. Wählen Sie den Weg in Richtung Osten, wenden dann über Süd nach Nord.

Wenn es im Sommer heiß ist, hat man die Sonne lieber im Rücken, dementsprechend planen Sie Ihren Weg. Wer den Wind immer gern im Rücken spürt, kann seine Tour sogar nach dem Wetterbericht festlegen.

Wahrscheinlich wollen Sie aber nicht nur nach dem Wetterbericht unterwegs sein, sondern vor allem landschaftlich reizvolle Gegenden kennenlernen.

Für Kinder sind dabei besondere Höhepunkte interessant, z.B. eine Turmbesteigung mit Rundblick über die Bergwelt oder eine Schloßbesichtigung, die durch ein entsprechendes Märchen oder eine Geschichte einen geheimnisvollen Anstrich bekommt.

Mit dem Fahrrad

"Die Radfahrer haben einen alten Wunsch der Menschheit verwirklicht: im Sitzen zu wandern" (Zitat: Franz Molnar).

Wer sich für's Radwandern entschieden hat, genießt gegenüber denen, die zu Fuß unterwegs sind, einen ganz entscheidenden Vorteil. Die gesamte Ausrüstung wird auf dem Rad verstaut und kann damit nicht zur Last werden.

Außerdem ist dieses Outdoor-Fortbewegungsmittel besonders für kleinere Kinder geeignet, mit denen längere Fußwanderungen noch nicht zu realisieren sind.

Es gibt mehrere Möglichkeiten, den Nachwuchs auf dem Fahrrad mitzunehmen. Zum einen sind Kindersitze in verschiedenen Ausführungen geeignet, zum anderen setzen sich Fahrradanhänger mehr und mehr durch. Eine Reihe von Bastlern hat hier selbst Hand angelegt und verschiedene Eigenschöpfungen hervorgebracht.

In England, der Schweiz und auch in den USA scheint der Fahrradanhänger schon lange keine Seltenheit mehr zu sein. So bietet beispielsweise die amerikanische Fahrradfirma Cannondale ein sehr sicheres und obendrein funktionelles Teil an, allerdings zum stolzen Preis von knapp DM 1.000. Ein buntes Kinder-Taxi kommt aus der Schweiz von der Firma Leggero. Zwei Kinder finden bequem darin Platz. Zudem läßt es sich schnell zusammenlegen, in der Bahn oder im Auto mitnehmen.

Ist Ihr Kind schon etwas älter, fährt aber noch kein eigenes Fahrrad, dann läßt sich auch ein Tandem so umbauen, daß der Sprößling zwar mittreten kann aber nicht muß, wenn er keine Lust dazu verspürt. Er kann die Ruhe- und Betätigungsphasen selbst bestimmen.

Gelegentliche Pausen zur Bewegungsabwechslung sind anzuraten. Das Halten ist prinzipiell fast überall möglich und kann von den Jüngsten bestimmt werden, muß es sogar, denn in vielen Fällen ist die Krönung auf dem Gepäckträger unübersehbar - ein kleines Töpfchen.

Für Kinder, die nur passiv mitradeln, ist dies keineswegs uninteressant. Das Landschaftsbild wechselt schnell und es gibt viel zu entdecken. Man kann sich in Ruhe miteinander unterhalten, ein Liedchen singen oder die Wolken betrachten. Letzteres sollten die Großen während der Fahrt aber besser unterlassen.

Radeln macht Spaß

Wenn Ihre Kinder bereits mit dem eigenen Fahrrad dabei sind, dann übernimmt Vater oder Mutter die Führung. Am besten vermeiden Sie eintönige Bewegung - also öfter mal das Tempo wechseln.

Radfahren ist für Kinder gut geeignet, weil sie sich Fähigkeiten wie Ausdauer, Kraft und Bewegungsschnelligkeit aneignen. Zur Auflockerung kann eine Pause für ein gemeinsames Ballspiel genutzt werden.

Es versteht sich von selbst, daß verkehrsreiche Straßen nach Möglichkeit gemieden werden, weichen Sie auf Landstraßen aus und nehmen besser auch gelegentliche Umwege in Kauf. Sorgfältige Tourenplanungen vor dem Radeln sind gerade bei Mitnahme von Kindern unerläßlich. Dazu eignen sich besonders die in Deutschland erhältlichen neuen ADFC-Radtourenkarten im Maßstab 1:150.000 (Allgemeiner Deutscher Fahrrad Club, herausgegeben von der Bielefelder Verlagsanstalt).

Wer oft und gern Fahrradtouren mit seinen Kindern unternimmt, sollte sich überlegen, ob er nicht Mitglied des ADFC-Dachgebers werden will.

Der "Dachgeber" beruht auf dem Gegenseitigkeitsprinzip, d.h. wer selbst Mitglied ist (ein Familienmitglied genügt), gewährt anderen Radlern nach Bedarf kostenlose Unterbringung. Gleichzeitig kann er diese Leistung selbst in Anspruch nehmen. Dies ist nicht nur eine sehr preisgünstige Idee (zur Zeit Jahresbeitrag von DM 14), denn man lernt dabei viele gleichgesinnte nette Menschen kennen.

Wenn Sie mit Kind anradeln, wird man Sie oft herzlich willkommen heißen, was wiederum auch den Kleinen gefallen wird.

Zu beziehen ist das Übernachtungsverzeichnis bei Wolfgang Reiche in 28203 Bremen, Mathildenstraße 89.

Mit dem Kanu oder Tourenkajak

Wer mit dem Kanu unterwegs sein möchte, wird mit seinem Gepäck die wenigsten Schwierigkeiten haben. Die Ausrüstung wird gleichmäßig verteilt, so daß Bug oder Heck nicht überbelastet werden. Selbstverständlich wird alles in wasserdichte Behältnisse wie Kanutonnen und -säcke (z.B. von Ortlieb) verpackt.

Wechselsachen, gerade für die Kleinen, sollten unbedingt mitgenommen werden, auch wasserdicht verpackt, falls eine Welle ins Boot schwappt oder man tatsächlich einmal über Bord geht.

Und gerade diesen unangenehmen Zwischenfall werden die meisten Eltern fürchten. Prinzipiell ist das aber kein Problem, denn Rettungswesten sind auch für Kinder lange marktüblich. So stellt z.B. Helly Hansen Rettungswesten nach Körpergewicht her und spezielle Ausrüstung für Kleinkinder. Auf diese Weise bleiben auch die Kleinsten vor dem Untergang bewahrt.

Trotzdem ist es sehr nützlich, wenn Kinder so früh wie möglich **schwimmen lernen**. Es nimmt ihnen zudem die Angst vor dem Wasser, wird zum beherrschbaren und vertrauten Element.

Die Perspektive vom Wasser aus eröffnet den Kleinen viel Neues. Man kann Wasservögel und Fische beobachten, lernt schwimmende Pflanzen kennen.

Selbst das Überwinden eines Höhenunterschiedes durch eine Schleuse kann ungeheuer beeindrucken. Bevor unsere Tochter mit uns durch die erste Schleuse paddelte, war ihre erste Reaktion: "Nein, ich will den Wasserfall nicht hochfahren"! Nachher war großes Staunen die Folge, wie völlig komplikationslos das Hindernis gemeistert wurde.

Kuck mal, ein Frosch
auf seiner Insel

Die Auswahl an Kanus und/oder Tourenkajaks ist groß, nur einige Hersteller sind an dieser Stelle genannt: Ally Faltkanus, Big Pack, Coleman, Gatz, Bavaria, Lettmann, Mad River Canoe, Old Town, Prijon, Pyranha, Grabner.

Das "Scout" von Old Town ist besonders von Kindern und Anfängern leicht zu paddeln. Ebenso sind "Sundance" und "Malecite" der Mad-River-Produktion sehr familienfreundliche Kanus. Das "Indian Canoe Nova 17" sowie das "Coleman 17" eignen sich für die ganze Familie, besonders für längere Expeditionen.

Vor einem Kauf sollte man sich genau überlegen, wie oft und in welchen Gewässern man das Boot nutzen will. Anderenfalls kommt man vielleicht günstiger, wenn man sich ein Kanu oder Kajak nur tage- oder stundenweise ausleiht.

Tiere & Pflanzen entdecken

Wer zu Fuß, mit dem Fahrrad oder mit dem Kanu draußen unterwegs ist, will die Natur erleben, sie kennenlernen. Vieles ist nicht nur für die Jüngsten neu, auch wir Erwachsenen lernen bei jedem Aufenthalt im Freien hinzu.

Nachfolgend werden einige Möglichkeiten zum näheren Kennenlernen der Pflanzen und Tiere in unseren Breiten aufgezeigt, auch, wie Sie Ihren Kindern Besonderheiten altersgerecht näherbringen können, ohne daß daraus etwa ein wissenschaftlicher Vortrag wird.

Wenn Sie mit Ihren Kindern im Frühling draußen unterwegs sind, werden Sie dem Gesang der **Vögel** lauschen können. Viele Vogelarten singen so charakteristisch, daß sie ihren Namen danach erhalten haben. Seien Sie ganz still und lassen Ihr Kind herausfinden, welche Vögel zu hören sind. Kuckuck oder Pirol werden bestimmt zu erkennen sein. Lassen Sie Kinder den Vogelgesang nachahmen. Weisen Sie die Kleinen auch auf Vogelnester hin.

Vielleicht haben Sie Glück und können Vögel bei der Fütterung beobachten. "Dann piepsen die Jungen aufgeregt, weil sie Hunger haben, die Alten kommen in Abständen immer wieder zum Nest und bringen neues Futter heran". Diese fürsorglichen Verhaltensweisen kann man auch mit den Menschen vergleichen. Sagen Sie, was die Vögel fressen, nämlich Samenkörner, Raupen, Schnecken, Fliegen, manche auch Beeren.

Falls Sie Federn von Vögeln finden, pusten Sie sie von der Hand. Die Kinder werden selbst herausfinden, daß die Federn sehr leicht sind, so daß sie vom Wind fortgeweht werden.

Achten Sie auch auf **Schmetterlinge**. Das Kind wird feststellen, daß sie verschiedene Farben und Musterungen aufweisen und sich gern auf Blumen setzen. Erklären Sie warum, weil sie sich vom Blütensaft ernähren.

Verschiedenartige **Käfer** und andere Insekten sitzen auf Blumen und Blättern, manchmal haben sie schillernde Farben, manchmal Punkte auf ihrem Rücken. Bringen Sie Ihren Kindern Rücksicht gegenüber in der Natur lebenden Tieren und Pflanzen bei: "Vorsicht, wir wollen keinen Käfer zertreten".

Beobachten Sie gemeinsam **Bienen**, **Wespen** und **Hummeln**. Zeigen Sie Bienen auf Sträuchern und Blumen. Man kann erklären, daß die Bienen dort süßen Saft saugen und Blütenstaub sammeln, um daraus Honig zu bereiten. Später in Gläser abgefüllt, finden wir ihn auf dem Frühstückstisch wieder. Den Blütenstaub (Pollen) holen die Bienen für ihren Nachwuchs. "Deshalb haben sie die Höschen an den Hinterbeinen". Probieren Sie mit den Kindern an den Blütenrohren zu saugen. Nun werden sie selbst erfahren, daß das süß schmeckt, besonders an Robinien und Rotklee. Vielleicht treffen Sie ja zufällig die "Biene Maja", ein entsprechendes Abenteuer von Maja zu erzählen, wäre dann ganz interessant.

Vor einem **Ameisenhaufen** haben wir immer wieder mit Staunen gestanden. Ein scheinbares Durcheinander, in dem jede Ameise ihre Aufgabe hat. Der Spruch: "Fleißig wie eine Ameise" scheint durchaus seine Berechtigung zu haben. Lassen Sie die Kinder das Leben auf einer Ameisenstraße ansehen, sie werden beeindruckt sein, welche Hindernisse die kleinen Tiere überwinden, was sie alles wegschleppen können.

Vielleicht werden Sie auch gefragt, wer auf der schönen Wiese nur immer die Erdhügel aufschüttet. Die Kinder erfahren von Ihnen, daß der **Maulwurf** unter der Erde lebt und Gänge gräbt. Während er gräbt, schiebt er die Erde an die Oberfläche.

Viele Wanderer sind auf oder an Gewässern unterwegs. Dort gibt es jede Menge zu hören und zu sehen. Und gern erinnern wir uns an die lustigen **Froschkonzerte**. Nach einer Weile werden die Kleinen schon begeistert einstimmen.

Lassen Sie die Kinder erforschen, was die Frösche tun, wenn sich ihnen jemand nähert: "Eben noch saß der Frosch auf dem Stein und hat gequakt. Dann ist er ins Wasser gesprungen und weggetaucht".

Fragen Sie, welche Laute die **Möwen** von sich geben und nehmen Sie etwas zum Füttern mit. Die Sprößlinge werden hören, wie laut Möwen schreien: "Das Brot haben sie ganz geschickt im Flug aufgefangen!"

Auch **Enten** lassen sich gern füttern. Das Kind kann beobachten, was die Ente tut, wenn sie Futter aus dem Wasser herausholt. Sie steckt das "Köpfchen in das Wasser und das Schwänzchen in die Höh'", so wird es auch in dem altbekanntem Kinderlied gesungen.

Eines der faszinierendsten Tiere ist die **Schnecke**: "Sie trägt ihr Haus ja auf dem Rücken!" Man kann den Kleinen eine Schnecke in die Hand geben und die Reaktion des Tieres abwarten, wenn man ihre Fühler berührt. Die Schnecke zieht sich nun in ihr Haus zurück. "Das würde ich auch tun, wenn ich in einer gefährlichen Situation bin", meint ihr Kind jetzt vielleicht.

Das **Wandern im Winter** hat seine eigenen Reize. Im frisch gefallenen Schnee eröffnen sich uns wie in einem Bilderbuch die Spuren von Waldbewohnern.

Auf Grund der unterschiedlichen Spuren merken die Kinder schon selbst, daß hier verschiedene Tiere gelaufen sein müssen. Auch kann man sehen, welche Richtung Hirsch, Reh oder Wildschwein genommen haben.

Die Fährten dieser Tiere lassen sich von anderen leicht unterscheiden. Weisen Sie die Jüngsten auf Stellen hin, an denen der Schnee weggeschoben wurde. "Die Wildschweine haben die Erde aufgewühlt, sie haben nach Futter gesucht". Die Kleinen werden sich vielleicht fragen, was die Wildschweine denn fressen. "Sie ernähren sich von Eicheln und Bucheckern, wir können sie im Herbst sammeln und dann zum Förster bringen. Dann werden deine Eicheln im Winter aus den Futterkrippen gefressen".

Besonderer Beliebtheit erfreuen sich durch ihre possierliche Gestalt die **Eichhörnchen**. Die drolligen Tiere betreiben eine Vorratswirtschaft, sie legen Futterverstecke für den Winter an. Beim gemeinsamen Beobachten werden Sie viel Spaß haben, die Kinder beeindruckt besonders der buschige Schwanz. Dabei läßt sich gut erklären, warum die Vorräte angelegt werden. "Wenn der Schnee alles eingehüllt hat, werden sie nichts mehr zu fressen finden".

Die verschiedensten **Pflanzen** erwecken das Interesse unserer Kinder, denn zum Teil beziehen sie die Kleinen in ihr Spiel mit ein oder sie sind von der Schönheit und dem Duft einer Blume einfach "nur" fasziniert.

Frühlingsblüher beeindrucken durch ihre reichhaltigen Farben und Blütenformen, entsprechende Namen sind abgeleitet worden: "Schaut doch, die weiße Blume sieht wie eine Glocke aus!" (Schneeglöckchen).

Viele Bäume und Sträucher haben im Frühling kleine **Kätzchen**. Wie bei einer richtigen Katze fühlt es sich ganz weich an. Was fällt Kindern an Bäumen mit Kätzchen auf?: "Wenn der Wind kommt, schaukeln die Zweige und gelber Blütenstaub wird gestreut".

Ich flechte mir einen Kranz

Vielleicht haben Sie ja schon in ihrer eigenen Kindheit **Binsen** zum Flechten verwendet, weil sie lange runde steife Halme haben, oder, weil innen hohl, die Stengel der Pestwurz für den Bau einer Wasserleitung genutzt.

Ganz bestimmt aber werden die Mütter schon in ihrer Mädchenzeit Kränze aus Blumen geflochten haben, z.B. aus den gelben Blüten der **Kuhblume**. Zeigen Sie, wie es gemacht wird, wenn das Kunstwerk erst fertig ist, werden sich kleine Mädchen nicht mehr davon trennen wollen.

Auch nach der "Verwandlung" in eine Pusteblume wird sie nicht minder interessant. Beim kräftigen Pusten schauen wir gern zu, wie der Wind die weißen Schirmchen in alle Richtungen weht. Wo sie hinfliegen, werden neue Kuhblumen wachsen.

Können Sie sich noch erinnern, als Sie unter einem blühenden Lindenbaum oder einem **Fliederbusch** standen? Der süße Duft hatte alle Sinne betört. "Mutti, es riecht hier so gut, da will ich gar nicht wieder weggehen", war die Reaktion darauf.

Während Sie gemeinsam durch die Wälder streifen, wird das Kind bald selbst bemerken, daß unter Nadelbäumen Zapfen zu finden sind.

Laubbäume besitzen ebenfalls Früchte, aus denen Kinder hübsche Basteleien anfertigen können. Dazu eignen sich Eicheln, Kastanien, Bucheckern oder Kletten. Es wird nicht lange dauern, bis Kinder entdeckt haben, welche Eigenschaft Kletten noch besitzen.

Bald ist die wildeste Klettenschlacht im Gange. Wenn der Pullover erst damit übersät ist, wird man einem Igel erstaunlich ähnlich sehen. Aber Vorsicht! Kletten sind auch schon auf Nasenspitzen gelandet, das ist dann schmerzhaft!

An mit Sägen gefällten Bäumen größeren Durchmessers können Sie gemeinsam mit Ihrem Kind die Jahresringe zählen und so das genaue Alter des Baumes bestimmen.

Der Herbst ist nicht nur reich an **Waldfrüchten** (☞ Mitbringsel für zu Hause), auch an **Blättern**, und die zeigen sich in den schönsten Farben. Schauen Sie sich die Blätter mit den Kindern aufmerksam an. Bestimmen Sie mit Ihnen, welches Blatt zu welchem Baum gehört. Die schönsten Blätter nimmt man mit nach Hause und preßt sie.

Aber auch während Sie draußen unterwegs sind, können die Kinder mit den bunten Blättern eine ganze Menge anfangen. Mit etwas Geschick entsteht aus gelben Ahornblättern eine goldene Krone für den Prinzen oder die Prinzessin. Die gesammelten Blätter werden in der Mitte gefaltet und mit kleinen Schnitten versehen. Nun steckt man sie nach und nach ineinander, solange bis die Länge der Ahornblattkette dem Kopfumfang des zukünftigen Trägers entspricht. Die Kette braucht nun nur noch geschlossen zu werden.

Ganz besonders lustig ist das Spiel mit "langen Nasen". Diese kann man sich gegenseitig aufkleben, wenn die Ahornsamen noch unreif am Baum hängen.

Weisen Sie die Jüngsten auf jahreszeitlich bedingte Veränderungen hin. "Im Frühjahr haben die Bäume Knospen, wenn die Sonne kräftig scheint und es wärmer wird, öffnen sie sich und es werden Blüten". "Die Blätter färben sich im Herbst und fallen dann ab". "Im Winter sind die Bäume kahl".

Wenn die Laune sinkt

Spiele ohne Spielzeug

Irgendwann im Verlauf einer Wandertour kann es vorkommen, daß aus verschiedenen Gründen die Laune Ihres Sprößlings erheblich sinkt. Viele Kids sind dann zu spielerischen Späßen bereit: Wettlauf, Verstecken, Haschen, Klettern, Werfwettbewerbe, Balancieren oder vielleicht ein Ballspiel mit den Eltern.

Spielideen werden gefragt sein, lassen Sie sich also schon vorher etwas einfallen und beziehen Sie entsprechende Spielpausen in die Tagesplanung ein. Den Kleinen macht es natürlich mehr Freude, wenn sich die Großen aktiv an ihren Spielen beteiligen.

Versuchen Sie daher, wirklicher **Spielkamerad** für Ihr Kind zu sein. Besonders wichtig ist dies für jene, die mit einem Einzelkind unterwegs sind.

Spielen kann man mit und ohne Spielzeug. Zunächst gebe ich hier einige Tips, wie man in der freien Natur ohne Hilfsmittel bzw. auch mit natürlichem Material ganz prima spielen kann.

Allein mit einem gefällten **Baumstamm** kann man sich längere Zeit beschäftigen. Achten Sie aber darauf, daß dieser fest aufliegt, so daß ein Wegrollen oder -rutschen ausgeschlossen werden kann.

Alle Anwesenden balancieren über den Baum, dabei ist laufen, hüpfen, sich drehen, hinhocken und wieder aufstehen genauso möglich wie das aneinander vorbeikommen, ohne daß einer von beiden absteigen muß. Ebenso kann man den Stamm im Vierfüßlergang überwinden oder ihn nach links und rechts überspringen (Drehsprunghocke).

Auf einem **Baumstumpf** können die Kinder versuchen, auf einem Bein zu stehen, oder sie versuchen einen weiten

Sprung herunter. Wer kann am weitesten springen? Aber Vorsicht, Mütter und Väter, schon manches Kniegelenk verlangte nach dem Sprung eine Sonderbehandlung!

Ein etwas schräg gewachsener Baum mit griffigen Ästen eignet sich prima zum Klettern. Man kann den Kleinen dabei Hilfestellung geben, sie beim Abspringen halten oder auffangen.

Zwei oder auch mehr Spieler können sich am **"Stock-Spiel"** beteiligen. Einer rammt den Stock in die Erde. Die anderen müssen ihn mit verbundenen Augen suchen. Wer ihn zuerst gefunden hat, bestimmt nun den neuen Standort und läßt die anderen Mitspieler suchen.

Zusätzlichen Spaß werden die Kinder an der Verzierung eines solchen Stockes haben. Mit dem Taschenmesser lassen sich verschiedenste Muster schnitzen. Wenn Ihr Sprößling für diese Tätigkeit noch zu klein ist, dann übernimmt der Vater bestimmt gern die Gestaltung des Stockes.

Aus einem großen Blatt, welches etwa der Größe eines Gesichts entspricht, kann man mit wenigen Handgriffen eine **Maske** herstellen, vielleicht für ein Waldgespenst. Für die Augen kommen zwei Sehschlitze in das Blatt, zwei kleine Löcher für die Nase und eines für den Mund. In die Öffnung für den Mund steckt man wiederum ein kleines Blatt, das nun als ausgestreckte Zunge herausschaut. Fertig ist die Waldgespenstermaske. Was ein solches Gespenst zu tun hat, bleibt der Fantasie Ihrer Kinder vorbehalten.

Natürlich kann man aus Steinchen, Hölzern, Blättern, Eicheln, Kastanien, Muscheln, Federn, Blumen usw. noch viele Dinge mehr basteln. Lassen Sie die Kinder sammeln, was Ihnen gefällt. Wenn Sie wieder daheim sind, können Sie hübsche Mitbringsel mit den Kindern basteln, die sie

Juhu, ich kann balangsiren

immer an ihre gemeinsamen Unternehmungen draußen erinnern werden (☞ Mitbringsel für zu Hause).

Verschiedenste Naturmaterialien eignen sich zum **Werfen**, Tannenzapfen z.B. zum Zielwerfen, flache Steine hüpfen gut übers Wasser. Durch sitzen, liegen oder knien kann die Schwierigkeit erhöht werden.

Springen kann man über Bäume, Gräben, auf Treppen. Für den Dreierhopp ist nichts weiter als eine Linie nötig. Hierfür wäre es günstig, ein entsprechendes Punktsystem zu erfinden, denn sonst gewinnt natürlich immer der, der die längsten Beine hat, in unserem Fall die Väter!

Ein bei Kindern sehr beliebtes Spiel ist auch das **Felderspringen**, oder schlicht und einfach auch Hopse genannt. Einen Ast oder Stein, mit dem sich ein solches Feld aufzeichnen läßt, findet man nahezu überall.

Großer Beliebtheit erfreut sich das **Fangen** oder Haschen. Das Spiel kann man nach Wunsch abwandeln. Fangen wird so nicht nur im Laufen, sondern auch im Springen, Kriechen usw. möglich. Man einigt sich auf bestimmte Regeln, z.B. darf nicht abgeschlagen werden, wer die Füße nicht auf dem Erdboden hat, wer mit dem Rücken an einem Baumstamm steht, wer mit den Armen einen Baum umfaßt, wer auf einen Baumstumpf geklettert ist.

Auch kann dem zu Fangenden die Mütze abgenommen werden, wenn alle Beteiligten eine tragen. Es muß immer derjenige Haschen, der selbst keine Mütze auf hat.

Natürlich werden die Erwachsenen bei derartigen Spielen den Kleinen überlegen sein. Lassen Sie Ihre Kinder - nicht allzu offensichtlich - ruhig mal gewinnen. Sie werden merken: der Spaß ist auf beiden Seiten.

Verstecken eignet sich für kleinere Kinder nicht besonders, denn evtl. suchen dann zum Ende beide Eltern ihr

Kind. Aber man bringt dem Kind solch ein Spiel bei, indem z.B. Vater und Kind sich verstecken, die Mutter muß suchen oder umgekehrt. Schwierigkeiten steigert man dabei langsam.

Wenn Sie im Sommer unterwegs sind, werden Sie **Badeseen** streifen oder, falls keiner vorhanden, das Freibad im nächsten Ort aufsuchen wollen. Gerade im Wasser gibt es jede Menge Spiele gegen die Langeweile. Außerdem wird das Wasser im Spiel für die Jüngsten zum vertrauten Element, Angst und Scheu davor werden gemindert bzw. abgebaut.

Bei einer **Wasserschlacht** kann man nach Herzenslust spritzen, nur wer aufgibt und sich wegdreht, der hat verloren. Wenn Sie zwei Kinder haben, eignet sich der Reiterwettkampf sehr gut. Vater und Mutter nehmen dazu je ein Kind auf die Schultern. Die Kinder müssen nun versuchen, sich gegenseitig abzuwerfen.

Haschen kann man, wie oben beschrieben, nicht nur im Wald, auch im Wasser ist das möglich. Wer an Land ist, den darf man abschlagen, im Wasser ist man in Sicherheit. Das war nur die Variante für Nichtschwimmer.

Schwimmer fangen sich natürlich nur im Wasser, dabei ist alles erlaubt: Tauchen, Springen und alles, was das Haschen sonst noch erschwert.

Wandern Sie an einem Flußlauf entlang, kann man darauf ein selbst gebasteltes **Schiffchen** schwimmen lassen. Beim Basteln des Schiffchens wird der Vater bestimmt gern helfen. Und so wird es gemacht:

Zunächst sucht man sich ein großes Stück Rinde ohne Löcher, einen Stock und einige Blätter. Mit dem Taschenmesser wird ein Loch in die Rinde gebohrt. Dort hinein kommt der Stock, er muß fest in der Rinde sitzen. Die Blätter sind unsere Segel. Führt der Weg nun immer am Wasser entlang und auch das Schiffchen schwimmt sicher und zügig, wird Ihr Nachwuchs mit Sicherheit alle Müdigkeit vergessen, denn keinesfalls will er oder sie das Schiff aus den Augen verlieren.

Wo Wasser ist, findet sich meist auch Sand, im Idealfall feiner **Strandsand** an der Küste. Hier werden die Sprößlinge voll gefordert, denn nun dürfen sie Mammi und Daddy mit Sand zubuddeln, so daß nur noch der Kopf herausschaut.

Im weichen Sand läßt es sich sehr gut "Schubkarrefahren", d.h. die Kleinen stützen sich mit den Händen im Sand auf, während einer der Eltern an den Oberschenkeln festhält. Nun geht die Fahrt los.

Nach einigem Herumtollen haben sich die Großen erst mal eine Pause verdient, nun ist beim **Kleckerburgenbau** das künstlerische Können der Jüngsten gefordert. Bei diesem Spiel wird die Fantasie angeregt, Ausdauer und Fingerfertigkeit geschult. Bedenken Sie aber, daß hier ein Sonnenhütchen und auch Sonnencreme zur Ausrüstung gehört.

Wenn sämtliche Unterhaltung nichts mehr nützt, hilft vielleicht noch **Gesang**. Der Rhythmus eines Liedes treibt uns vorwärts, jeder hat das schon an sich selbst erfahren. Sie haben alle Volkslieder vergessen? Dabei ist es ganz gleich, ob es sich um Volkslied, Schlager, Rock oder Blues handelt.

Gesungen wird, was gefällt: Ist das Lieblingslied Ihrer Tochter oder des Sohnes erst ein paar hundert Mal erklungen, dann können Sie es sicher auch bald.

Sie und Ihr Nachwuchs haben auch keinen derzeitigen Hit? Das ist ebenfalls kein Problem. Dann singen Sie eben, was Ihnen gerade einfällt! Das war durchaus nicht ironisch gemeint, denn man kann sich selbst unendlich lange wunderschöne Lieder nach einer einfachen Melodie ausdenken.

Unsere Bekannten erfanden einmal das "Lied vom Bären, der über die Berge ging". Immer sah der Bär etwas anderes und er machte dabei ständig neue Geräusche, z.B. lauter leckeren Honig schlecken (dazu ein entsprechendes Schlürfen) usw. Wir konnten dieses Lied mit Leichtigkeit bis zu eineinhalb Stunden singen, wobei reihum jeder eine Strophe beigetragen hat. Bei einer Liedlänge von eineinhalb Stunden kommt man natürlich schon ein gutes Stück vorwärts.

Befinden Sie sich allerdings in einem Naturschutzgebiet, würde ich die Singerei etwas dämpfen oder noch besser einstellen, denn Sie wollen sicher auch Tiere beobachten.

Um sich eine monotone Wegstrecke zu verkürzen, kann man sich gegenseitig **Rätsel** aufgeben. Hier gilt prinzipiell das Gleiche wie bei den Liedern. Wer keine "gängigen" Rätsel kennt, der denkt sich eben welche aus.

Das ist beim "Teekesselchen" möglich. Zwei Partner erklären einen zweideutigen Begriff, wobei jeder eine bestimmte Bedeutung umschreibt. Beispielsweise sagt der Eine: "Auf meinem Teekesselchen entstehen Bilder...". Der Andere meint: "Mein Teekesselchen ändert seine Farbe...". Gemeint ist hier in jedem Fall der Begriff "Blatt". Wer ihn erraten hat, sucht sich nun einen neuen Partner und beschreibt ein anderes Teekesselchen.

Und dann gibt es da noch Spiele wie "Ich sehe was, was Du nicht siehst und das ist rot (oder grün, blau...)". Da die Situation beim Wandern häufig wechselt, gibt es immer etwas neues zu sehen. Die ganz Kleinen lernen dabei auch ganz gut die Farben kennen.

Wie das Singen beim Wandern versetzen uns auch einige Spiele in einen entsprechenden Bewegungsrhythmus. So zählt man gemeinsam bis zehn, und danach auf, was früher auf eine Wanderung mitgenommen wurde: "Ein Hut, ein Stock, ein Regenschirm...". Das linke oder rechte Bein wird nun beim kurzen Stehenbleiben bewegt: "Und vor, zurück, zur Seite, ran...". Allerdings eignen sich solcherlei Spiele wirklich nur auf landschaftlich relativ uninteressanten Wegstrecken.

Spiele mit Spielzeug

Falls Sie sich entschlossen haben, etwas Spielzeug mit auf Tour zu nehmen, dann erweitert sich das Spielangebot noch einmal enorm. Bereits mit einem Ball, dem Springseil, einigen Murmeln oder auch Luftballons können sich Kinder lange Zeit beschäftigen.

Bei Spielen mit dem **Ball** wird die Geschicklichkeit und Gewandtheit der Kinder gefördert. Den Kleinsten genügt schon das Ball hin und her rollen. Etwas ältere Kids

Hier hat Papa mich grade noch gefangen

praktizieren die verschiedensten Werfübungen, Ball über den Kopf werfen und wieder auffangen, ihn sich reihum zuwerfen usw. Den Ball kann man mit der flachen Hand vor sich auf dem Boden prellen oder das Ganze auch mit einem Partner spielen (Ball hin und her prellen). Kinder, die bereits mit festen Spielregeln vertraut sind, spielen sicher gern Fuß-, Hand- oder auch Volleyball.

Ein recht beliebtes Spiel ist der "Jägerball". Der Jäger versucht mit dem Ball die Hasen zu treffen. Wenn er einen Hasen erwischt hat, muß dieser Jäger sein.

Breit variieren lassen sich **Murmelspiele**. Auf einer Schräge oder auch einem Sandberg legt man eine Bahn an. Sogar eine komplette Murmelburg mit Gängen und Tunneln kann entstehen. Nun läßt jeder Teilnehmer seine Murmel hinunter rollen. Wessen Murmel am weitesten gerollt ist, der hat gewonnen. Mit Hilfe eines Brettes wird eine Verbindung zwischen zwei Burgen hergestellt. Hierbei wurde die Schwierigkeit noch erhöht. Wer schafft es, seine Murmel von Burg 1 über das Brett und über Burg 2 zu rollen?

Bei zwei nebeneinander liegenden Rollbahnen veranstaltet man einfach ein Wettmurmeln. Nach Anstoßen mit dem Zeigefinger wird die Stelle, bis zu der die Murmel gerollt ist, mit einem Fähnchen markiert. Solch ein Fähnchen kann man mit Hilfe eines Stöckchens und einem darauf gespießten Blatt sehr gut improvisieren.

Zielmurmeln läßt sich realisieren, indem man ein kleines Loch in den Erdboden buddelt. Jeder Mitspieler versucht nun reihum, seine Murmeln hineinzutreffen. Wessen Murmeln zuerst im Loch verschwunden sind, der ist Gewinner. Um eventuelle Streitigkeiten zu vermeiden, bekommt jeder die Murmeln einer bestimmten Farbe zugeteilt.

Etwas schwieriger gestaltet sich das Ringmurmeln, bei dem ein Innenkreis von etwa 30 cm aufgezeichnet wird. In zwei Meter Abstand um diesen herum befindet sich noch ein Außenkreis. Jeder Mitspieler gibt zwei bis drei Murmeln in den Innenkreis. Vom äußeren Kreis aus wird nun versucht, mit einer weiteren Murmel eine des Innenkreises zu treffen. Wem das gelingt, der kann sich seine Murmel zurückholen. Wer in diesem Fall die meisten Murmeln gesammelt hat, der ist Gewinner.

Die eben beschriebene Variante kann auch zum "Schlößlein" abgewandelt werden. Dann befinden sich im Innenkreis kleine Schlösser, aus drei zusammenliegenden Murmeln, eine vierte wird obenauf gesetzt. Wenn das "Schlößchen" eingefallen ist, gehört es dem entsprechenden Werfer.

Luftballons nehmen im Kinderrucksack keinen Platz weg und sind außerdem sehr leicht. Man kann sie hochwerfen, weitwerfen, einen Kreis unter ihnen laufen und sie wieder auffangen. Auf einem Bein hüpfend, treibt man sie mit dem anderen vorwärts. Auch in die Knie geklemmt, kann man so ein Stück mit ihnen hüpfen. Oder man treibt sie einfach nur vorwärts und läuft ihnen nach.

Einen Luftballon kann man balancieren, auf der Hand oder den Fingerspitzen oder mit der Stirn. Vater, Mutter und Kind können sich den Ballon gegenseitig zuprellen. Oder aber Ihr(e) Jüngste(r) probiert in Rückenlage, ihn mit geschlossenen Füßen hochzuprellen, springt dann schnell hoch und fängt ihn wieder auf.

Sprungübungen mit dem **Seil** machen besonders als Ausgleich zum Mitfahren auf dem Fahrrad bzw. im Kanu viel Spaß. Die Eltern lassen das Seil so kreisen, daß der Nachwuchs drüberspringen kann. Das Tempo wird dabei auf die "Sprungkünste" der Kinder abgestimmt.

Das Seilspringen kann man beliebig abwandeln, im Grätschsprung mit Zwischenhops oder ohne, nur mit einem

Bein im Wechsel, mit gekreuzten Beinen. Wem das Vorwärtsspringen zu leicht ist, der kann sich auch rückwärts versuchen.

Wenn die Kleinen von all dem Herumgetobe genug haben, dann nehmen sie sich vielleicht lieber ein Blatt und die Buntstifte aus ihrem Rucksack und malen auf, was sie während der gemeinsamen Wanderung besonders beeindruckt hat. Während die Großen fotografieren, entsteht bei Ihrem Sohn oder der Tochter ein gemaltes Bild von der bunten Blumenwiese, auf der Sie gerade sitzen.

Schulkinder haben vielleicht ein kleines Tagebuch mit und schreiben dort ihre Erlebnisse ein. Das tun sie unter Umständen mit großer Sorgfalt und sie möchten dabei auch nicht gestört werden.

Sind Ihre Kinder schon mit einem eigenen Fotoapparat unterwegs? Für erste Versuche eignet sich eine kleine Kompaktkamera, wo man eigentlich nur den Auslöser betätigen muß. Werden Kinder frühzeitig an das Fotografieren herangeführt, entwickeln sie selbst einen Eifer, der kaum noch zu bremsen ist.
Beim gemeinsamen Auswerten der Filme waren wir oft erstaunt, daß eine Achtjährige gelegentlich schon fast "pressereife" Bilder hervorbringen kann.

Die letztgenannten Möglichkeiten zur Beschäftigung sind für die Kinder kaum noch Spiel. Sie nehmen diese entsprechend ernst und möchten als kleine Persönlichkeiten auch als solche akzeptiert werden.

Mitbringsel für zu Hause

Die Tage draußen gehen langsam dem Ende zu. Vielleicht möchten Sie etwas mitnehmen, was Ihre Kinder und Sie selbst an diese Zeit erinnert. Die Natur bietet eine Fülle an Materialien, die sich zum Basteln für ein hübsches Erinnerungsstück eignen. Und sie bietet eine Menge an Pflanzen und Früchten, aus denen sich die Lieblingsgerichte der Kinder zubereiten lassen.

Basteln

Beginnen wir mit einigen Basteleien. Dazu sollten die Kinder unterwegs schon mal sammeln, was ihnen in die Quere kommt. Aus Eicheln, Kastanien, Tannenzapfen, Bucheckern, Hagebutten, kleinen Ästen, Baumrinde, Wurzelteilen und Federn entsteht ein ganzer Zoo.

Für einen **Igel** braucht man eine Kastanie, in die auf der gewölbten Seite viele kleine Löcher gebohrt werden. Dort kommen dann halbe Streichhölzer als Stacheln hinein. Die Nase entsteht aus einer sehr kleinen Eichel, ebenfalls ein Loch hineingebohrt, verbindet ein Stück Streichholz die Igelnase mit dem Körper.

Den **Vogel** fertigt man aus einer recht kleinen und einer großen Kastanie. In die große Kastanie kommen Löcher für Beine, Schwanz und Hals. Der Schwanz besteht aus einer flauschigen Feder oder einigen Wollfäden. Für Beine und Hals verwendet man wiederum Streichhölzer oder angespitze Ästchen.

Damit der Vogel gut steht, bekommt er noch Füße aus halben Eicheln. Auf den Kopf klebt man noch einen winzigen Federbusch. Er sieht zwar lustig aus, aber fliegen kann er nicht!

Das **Waldmännchen** entsteht aus einem offenen Kiefernzapfen, auf den man als Kopf eine Eichel befestigt. Nun wird dem Männchen noch eine Mütze aufgesetzt, eine aufgeklappte Bucheckernhülle. Als Arme und Beine eignen sich Bucheckernklappen.

Ein etwas größerer **Waldkobold** wird aus einer klobigen Wurzel gebastelt, der man als Haare ein paar Blätter aufsetzt. Die Augen könnten aus zwei Schneckenhäusern bestehen. Sie werden einfach angeklebt.

Aus Holz und Rinde kann man sich selbst nach Wunsch **Bauklötzer** schnitzen. Auf diese Weise entstehen Häuser, Türme, Tore ganz nach eigenen Vorstellungen.

Mädchen schmücken sich bekanntlich gern mit **Ketten**. Dazu sammelt man reife Hagebutten und fädelt sie auf ein Band. Nun müssen die Hagebutten einige Zeit an der Luft trocknen. Wer will, kann noch Sonnenblumenkerne dazwischenfädeln, dann wird's ein besonderes Schmuckstück.

Aus einer großen Kastanie wird mit etwas Geschick ein **Körbchen**, indem man die Kastanie mit dem Taschenmesser aushöhlt, so, daß auch ein Henkel draus wird. In den Korb kann man verschiedenes hineintun, Hagebutten oder auch getrocknete Blüten.

Steine in unterschiedlichsten Formen werden mit etwas Fantasie durch Bemalen oder Bekleben zu lustigen **Figuren**. Allerdings sollten sie vorher gut gescheuert und dann in der Sonne getrocknet werden, sonst könnte es passieren, daß die Farbe nicht angenommen wird. Zum Schluß lackiert man die Steine. Als Accessoires dazu eignen sich Wollfäden, Muscheln, Bucheckern. So werden die bunten Gesichter noch eindrucksvoller.

Und das ist mein Waldkobold

Wer an der Küste unterwegs ist, kann sich in aller Ruhe auch einen "Hühnergott" am Strand suchen (ein Stein mit Loch drin). Daheim an einem Lederband getragen, wird man immer an die Sommerurlaubstage erinnert.

Aus **Muscheln** kann man ebenfalls sehr hübsche Anhänger herstellen. Die einfachste Variante: Ein Loch durchbohren und auf ein Lederband fädeln. Man kann Muscheln aber auch mit Suralin verarbeiten, sie werden in eine Suralingrundlage hineingedrückt. Den Anhänger brennt man anschließend im Ofen.

Muscheln auf Filz geklebt, ergeben eindrucksvolle Wandbilder. In einem entsprechenden Rahmen kommen sie richtig zur Geltung. Auch kann hier noch Farbe eingesetzt werden. Durch buntes Bemalen erhöht man die Wirkung noch.

Weihnachtliche **Strohsterne** fertigt man mit einigem Geschick selbst an. Zur Getreideernte werden Strohhalme gesammelt. Diese spaltet man dann, weicht sie ein und bügelt sie anschließend flach. Nun werden sie verflochten und festgenäht. Fertig ist ein schöner Weihnachtsbaumschmuck.

Sicher haben Ihre Kinder viele Blätter in allen Herbstfarben gesammelt. Nach dem sorgfältigen Pressen kann man sie nun zum Anfertigen von Karten oder Collagen verwenden. Schon ein besonders schönes Blatt ergibt auf entsprechender Unterlage mit Rahmen einen dekorativen Zimmerschmuck.

Wer Blätter nicht pressen mag, der kann aus Laub, Trockengräsern und getrockneten Blüten bzw. auch Hagebutten sehr attraktive Gestecke anfertigen. So hat man auch während der kalten Jahreszeit immer ein bißchen Natur daheim.

Nicht zuletzt kann man mit Blättern auch drucken. Die schönsten Blätter der vorhandenen Sammlung werden mit Farbe eingestrichen. Darauf achten, daß die Farbe nicht zu naß ist (wenig Wasser, viel Farbe). Nun legt man das eingestrichene Blatt auf's weiße oder auch farbige Papier. Ein Löschblatt darübergelegt, kann es jetzt kräftig angedrückt werden. Mit diesem Druckverfahren fertigt man hübsche Lesezeichen oder Grußkarten an.

Duften

Wer gern **Blütendüfte** mag, kann einen solchen in seinen Wäscheschrank zaubern. Heckenrosen wachsen meist an Feldrainen. Man pflückt einige Blüten davon und zupft sie zu Hause vorsichtig auseinander. Nun müssen die Blüten ein paar Tage trocknen, am besten auf einem ausgebreiteten Geschirrtuch an einer warmen, aber dunklen Stelle.

Jetzt näht man aus einem hübsch gemusterten Baumwollrest ein kleines Beutelchen. Dort hinein kommen die getrockneten Blüten. Wer den Duft noch intensivieren will, gibt noch einige Tropfen Rosenöl dazu. Das Lieblings-T-Shirt der Kleinen duftet nun angenehm nach Rosenblüten.

Nach den Mitbringseln zum Spielen, zum Verschönern unserer Wohnung oder auch zum Verschenken kommen wir zu den eß- und trinkbaren Delikatessen, die die Natur uns bietet.

Schlemmen

Vermutlich werden Sie unterwegs schon **Beeren** gesammelt haben, manche gleich in den Mund, die anderen in ein entsprechendes Behältnis. Und diejenigen können sich freuen, denn zu Hause entstehen aus Blau-, Brom-, Him-, Erd- oder Preiselbeeren allerhand leckere Sachen.

Man kann sie einwecken, einfrieren oder auch roh verzehren, reicht sie als Beilage zu Puddings, Eis, Eierkuchen oder anderen Süßspeisen, stellt daraus Fruchtquarkspeisen oder -joghurts selbst her. Besonders aus Blaubeeren entstehen leckere Blechkuchen bzw. Torten. Weiterhin lassen sich daraus Marmeladen oder Milchmixgetränke herstellen.

Lieblingsgericht unserer Tochter sind Hefeklöße mit Blaubeeren. Die Klöße formt man aus Hefeteig. Vielerorts werden sie im eingefrorenen Zustand fix und fertig angeboten und man braucht sie nur noch 15 Minuten über Wasserdampf aufzutauen.

Die Beeren kann man mit etwas angerührter Roter Grütze aufkochen. Die Klöße verfeinern Sie noch mit etwas brauner Butter, Zucker und Zimt.

Für einen **Heidelbeerschaum** braucht man 150 g Beeren, vier Teelöffel Zucker und zwei Eiweiß. Nach dem Waschen zerdrückt man die Beeren mit einer Gabel und streut die Hälfte des Zuckers darüber. Wenn das Eiweiß steif geschlagen ist, kommt der restliche Zucker hinzu. Der Schnee wird nun vorsichtig unter die Beeren verteilt.

Eine besondere Leckerei ist **Vanilleeis mit heißen Himbeeren**. Wer es lieber kalt mag, der kann die Himbeeren auch eineisen. Das geschieht folgendermaßen:

Die Beeren über einem Topf durch ein Baumwolltuch drücken. Zucker dazugeben und 5 Minuten kochen lassen. Nach dem Abkühlen verteilt man den dickflüssigen Sirup in Eiswürfelformen. In der Gefriertruhe bzw. dem Tiefkühlfach des Kühlschranks gefrieren lassen.

Langwierig zuzubereiten aber durchaus schmackhaft sind **kandierte Ebereschen**. 1 kg Früchte, ein halber Liter Wasser und 600 g Zucker werden, nicht zu weich, gekocht. Nachdem man den Topf vom Feuer genommen hat, bleibt das Ganze 24 Stunden stehen. Der Saft wird dann wiederum eingedickt und über die Beeren gegeben. Wieder bleibt alles 24 Stunden stehen.

Etwa eine Woche wird der Vorgang auf's Neue wiederholt, bis die Früchte glasig sind. Insgesamt braucht man dafür 1.300 g Zucker, den man im stufenweisen Prozeß zugibt. In der letzten Zuckerlösung sollten die Früchte noch einmal vier bis sechs Tage ruhen. Nach nochmaligem kurzen Erhitzen die Beeren herausnehmen und zum Trocknen auf Siebe legen.

Einen **Waldcocktail** können Sie so zubereiten: Den Rand der Cocktailgläser reibt man mit Zitrone oder Apfelsine ein, taucht ihn dann in Zucker und dreht das Glas. Nun werden Fruchteis und Hagebuttensirup gemischt. Der Hagebuttensirup entsteht, indem Früchte mit Wasser und Zucker aufgekocht werden, anschließend drückt man alles durch ein Sieb. Zum Garnieren gibt man noch Johannisbeeren, Erdbeeren oder Hagebutten obenauf.

Haben Sie schon einmal **Heidelbeeren auf schwedische Art** probiert? So wird's gemacht:

50 g Zucker in 200 g geriebenen Zwieback mischen und unter ständigem Rühren leicht in Margarine rösten. 500 g Heidelbeeren mit 50 g Zucker bestreuen und mit wenig Wasser aufkochen.

Blaubeeren und Zwieback gibt man im Wechsel in eine Schale und stellt sie kalt. Etwas Zitronensaft wird nun mit Puderzucker gemischt und darüber gegeben. Zum Abschluß können Sie das ganze noch mit Mandeln oder Nüssen bestreuen.

Pilze sammeln

Neben den Beerensammlern gibt es auch Outdoorer die gern Pilze sammeln und essen. Voraussetzung ist allerdings, daß man die Pilze auch ganz genau kennt.

Wer sich erst noch kundig machen will, bewaffnet sich mit einem Pilzbuch oder sucht eine der örtlichen Pilzberatungsstellen auf, die in der Saison geöffnet haben. Pilze, die Sie nicht kennen, verarbeiten Sie lieber nicht. Auch ist es ungünstig, beim Sammeln eine Plastiktüte zu benützen, die Pilze schwitzen darin leicht und können giftige Substanzen entwickeln, außerdem werden sie darin unansehnlich.

Sehr beliebt ist bei uns **Rührei mit Pfifferlingen**. Es gehört aber eine ordentliche Portion Glück dazu, Pfifferlinge zu finden. Falls Sie es aber geschafft haben, dann gehen Sie folgendermaßen vor: Pilze putzen, waschen und in Scheiben schneiden. Zusammen mit kleingehackten Zwiebeln schmoren sie in Butter, bis alle Flüssigkeit verdampft ist.

Jetzt die Eier verquirlen und mit Salz und Pfeffer würzen. Nun solange rühren, bis das Ei dick ist. Noch etwas Schnittlauch darübergeben und zum Rührei Kartoffelpüree reichen.

Leichter zu finden sind **Rotkappen**. Diese Pilze mit Hörnchen bereitet man so zu: Hörnchennudeln kochen, abschrecken und im Sieb abtropfen lassen. Die Pilze putzen, waschen und zerschneiden. Zwiebeln und Speck würfeln und mit den Pilzen 15 Minuten dünsten.

Die Nudeln in Öl schwenken und mit den Pilzen mischen. Mit Salz und Pfeffer abschmecken. Reibekäse und Petersilie darüberstreuen. Zu Rotkappen mit Hörnchen paßt Grüner Salat sehr gut.

Für ein **Steinpilzgulasch** putzt, wäscht und schneidet man die Pilze wie gewohnt. Speck- und Zwiebelwürfel anbraten und Pilze hinzugeben. Nun läßt man alles 20 Minuten schmoren. Nach Zugabe von Salz und Pfeffer füllt man die Pilze mit heißer Fleischbrühe auf, kocht noch einmal alles gut durch und gibt anschließend geviertelte Tomaten hinzu. Zum Schluß werden 2 Teelöffel Mehl mit 3 Eßlöffel Kondensmilch verrührt und in die Pilze gemischt. Noch zwei Minuten aufkochen und fertig ist das Steinpilzgulasch.

Die Pilze eignen sich im getrockneten Zustand auch als Verfeinerung in Suppen oder Soßen.

Kräuter und Blätter

Eine Reihe von Kräutern verwendet man zum Zubereiten von Salaten, als Gewürz oder für einen Tee. Wer mit Kräutern, wie auch mit Beeren und Pilzen, aus der Natur seinen Speiseplan bereichern will, sammelt sie keinesfalls an Straßenrändern oder in der Nähe von industriellen Anlagen. Nach dem Sammeln kommt es auf richtiges Trocknen an, einmal angeschimmelte Kräuter unbedingt vernichten.

Aus **Huflattichblättern** und -blüten, die im jungen Zustand gepflückt werden, bereitet man einen Haustee zu, der gegen Husten und Heiserkeit Anwendung findet. Den Tee süßt man mit Honig.

Pfefferminzblätter eignen sich als Zusatz zu Obstsalaten, man gibt sie in Kräuteressig oder man kocht einen Tee daraus. Schon wenn die Blätter zwischen den Fingern zerrieben werden, ist der starke Mentholgeruch wahrzunehmen. Pfefferminze finden Sie auf feuchtem nährstoffreichen Boden, unter großen Bäumen. Ihre Blätter werden gesammelt, noch bevor die Blüten erscheinen.

Brombeerblätter ergeben einen wohlschmeckenden aromatischen Tee, der wiederum gegen Husten und Erkältungskrankheiten gut ist. Ab Mai können die Blätter gesammelt werden.

Einen Erfrischungstee bereiten Sie aus **Hagebutten** zu. Ab September werden sie im trockenen Zustand eingesammelt. Über Nacht weicht man sie in kaltem Wasser ein, bevor sie am folgenden Tag in demselben Wasser aufgekocht werden. Nun den Sud 10 Minuten ziehen lassen, durch ein Sieb abgießen, Zucker und Zitrone zugeben. Fertig ist der Muntermacher.

Einen aromatischen Früchtetee erhält man auch aus **Walderdbeerblättern**. Einige getrocknete und, falls zur Hand, auch frische Blätter mit kochendem Wasser begießen. Wieder 10 Minuten ziehen lassen sowie Zucker und Zitrone dazugeben.

Brunnenkresse wächst in Bächen und Wassergräben, allerdings auch nur dort, wo das Wasser wirklich sauber ist. Am besten gewinnt man die Blätter noch vor der Blüte. Schon auf ein einfaches Butterbrot schmeckt sie lecker und würzig. Man kann die Kresse aber auch in Quark verrühren und dann auf's Brot geben. Das ist noch leckerer!

Wußten Sie, daß man aus **Gänseblümchen** ein Gemüse bereiten kann? Sie wollen sicher wissen, wie das schmeckt.

Probieren Sie's: Blütenköpfe etwa 3 Minuten in Salzwasser kochen. Danach alles durch ein Sieb gießen aber das Kochwasser noch aufheben. Gehackte Zwiebel bis zum glasig werden in Margarine dünsten, die gehackten Blütenköpfe dazugeben. Alles vorsichtig umrühren und das aufgehobene Kochwasser nach und nach zugeben. Das Ganze muß ca. 3 Minuten kochen. Über das Gänseblümchengemüse gibt man noch saure Sahne sowie Salz und Pfeffer. Gar nicht übel.

Der Beeren-, Pilz- und Kräuterreichtum der Natur scheint unerschöpflich und es wird Ihnen und Ihren Kindern bestimmt Freude bereiten, einige der vorangegangenen Tips auszuprobieren. Dabei wird Ihr Kind sich immer daran erinnern, wo und wie etwas gesammelt wurde: "Das ist mein großer Pilz, den habe ich dort in dem Wald gefunden".

Beim anschließenden gemeinsamen Essen sind sicher alle mit großem Appetit dabei. Es schmeckt diesmal ganz anders als sonst aus dem Supermarkt.

Was bleibt

Die gemeinsamen Draußenerlebnisse tragen zum großen Teil dazu bei, welche Eigenschaften Ihr Kind auch im späteren Leben prägen werden. Wer die Natur schon frühzeitig kennen und lieben gelernt hat, wird sich ihr gegenüber auch als Erwachsener rücksichtsvoll verhalten, wird selbst dazu beitragen, seine Umwelt zu schützen.

Als eine wichtige Nachwirkung des Aufenthaltes draußen in der Natur empfinden wir die Stärkung des **Zusammengehörigkeitsgefühls**. Im Freien kann man sich beim Wandern stundenlang unterhalten, was beispielsweise bei einer Autoreise (vielleicht noch im Stop-and-go-Verkehr) durch den Streß und die allgemeine Gereiztheit nur selten möglich ist. Beim Draußensein mit Kind(ern) ist die Kommunikation erwünscht und erhöht gleichzeitig den Reiz einer Tour.

Die Eindrücke einer Nachtwanderung, des Zeltens, der Sehenswürdigkeiten oder eines Lagerfeuers können noch wochenlang beschäftigen.

Dem Sprößling werden **Grundverhaltensregeln** im Umgang mit der Natur auf selbstverständliche Art und Weise beigebracht und er lernt sie lieben. Für ein Kind ist dabei weniger wichtig, den Namen einer Pflanze nennen zu können, vielmehr wird es zunächst "nur" gefühlsmäßig von der Schönheit der Natur angetan sein.

Wie interessant ist es doch, einer Raupe beim Fressen zuzuschauen. Merkwürdig findet Ihr Sprößling, warum sie nur bestimmte Blätter frißt. Er will der Sache auf den Grund gehen. Und hier wird eine der wichtigsten Eigenschaften entwickelt: Wißbegierde, Freude am Erforschen, Entdeckerdrang.

Auch das **ästhetische Empfinden** spielt eine wichtige Rolle im Leben. Es wird bereits im Kindesalter geprägt. Die ersten Eindrücke einer Pflanze oder eines Tieres entscheiden darüber, ob man es schön findet oder nicht. Kinder sind für Schönheiten in der Natur sehr empfänglich, sie suchen selbst danach.

Die Eltern zeigen, daß Abfälle nicht in der Natur entsorgt werden, sondern nehmen sie wieder mit in die Zivilisation. Dies wirkt viel intensiver als die Erziehung zu Hause.

Frühzeitig beginnen Kinder selbst nachzudenken und bewußt zu handeln, denn Regeln bekommen so einen selbst erlebten Sinn. Viele erzieherische Maßnahmen kann man sich sparen, weil deren Ziele auf natürliche Art und Weise erreicht werden.

Das **Allgemeinwissen** wird gefördert, bringt doch eine mehrtägige oder -wöchige Wanderung soviele Eindrücke und Erlebnisse hautnah mit sich, die verarbeitet und "gespeichert" werden. Noch monatelang später erzählt ein Kind davon.

Bewegung im Freien verschafft Kindern und Erwachsenen gleichermaßen Wohlbefinden. Die Nerven werden entspannt, unser Körper abgehärtet. Und gerade das ist bei Kindern wichtig, denn sie neigen häufig zu Erkältungskrankheiten.

Touren im Ausland, die Gastfreundschaft der einheimischen Bevölkerung, das Kennenlernen anderer Kulturkreise, Lebensgewohnheiten und Sitten und die andere Sprache verhelfen Kindern zur Weltoffenheit.

Von **Begegnungen** mit Hasen, Rehen, Schnecken, Elchen, Walen, Koalas, Känguruhs werden Kinder ein Leben lang zehren, vorausgesetzt, sie nehmen das alles schon bewußt in sich auf.

Und selbst die **Eltern lernen** - vielleicht auch nur unbewußt - mit. Man erzählt Geschichten über Vögel, Bäume, Regenwälder. Durch unsere Jüngsten setzen wir uns wieder mit den verschiedensten Themen zur Natur und zum Umweltschutz auseinander.

Eigenschaften wie Freundschaft, Toleranz und Gemeinschaftssinn werden gefördert. Im allgemeinen schließen Kinder schnell Freundschaften und vor allem unkomplizierter als manche Erwachsenen. Je länger der Aufenthalt dauert, desto schmerzlicher wird der Abschied empfunden. Durch das viele Reisen besteht kaum Scheu vor Fremden und die Kinder sind nicht ängstlich, wenn die Eltern abends mal allein weggehen wollen.

Gern denken wir an die Tage draußen zurück. Dabei spielt es gar keine große Rolle, ob man über den großen Teich fliegt oder "nur" vor der Haustür wandert.

Irgendwo im Stadtgewühl, wenn der nachmittägliche Stau einsetzt, fragt uns Isa: "Wann geht's denn nun endlich wieder raus in die Berge?"

Literatur

- Das andere Spielebuch für drinnen und draußen, Cornelia Nitsch, Mosaik Verlag GmbH, München 1989
- Schätze aus Wald und Flur, Elisabeth Manke, Verlag für die Frau, Leipzig 1988
- Rund um das Wandern, Renate Florstedt, Verlag für die Frau, Leipzig 1982
- Wildwachsende Pflanzen in unserer Ernährung, A. K. Koschtschejew, Fachbuchverlag Leipzig 1986
- Eßbare Wildpflanzen, Jim Meuninck, Conrad Stein Verlag 1992
- Allein im Wald - Survival für Kinder, Colleen Politano, Conrad Stein Verlag 1994

Wenn Sie an den Büchern der ehemaligen DDR-Verlage interessiert sind, können Sie diese über Fernleihe in den Bibliotheken der neuen Bundesländer anfordern.

Die alle zwei Monate erscheinende Zeitschrift OUTDOOR veröffentlicht regelmäßig Ausrüstungs- und Zubehörtests. Anfang 1994 waren noch einige ältere Ausgaben vom rotpunkt verlag, Postfach 2160, 71371 Weinstadt, erhältlich

Isomatten 2/89 - Trekkingschuhe 4/90 - Fleece 1/91, Kanus/Kanadier 2/91 - Kocher 1/92 - Schlafsäcke 4/92 - Funktionsunterwäsche 6/92 - Accessoires: Messer, Geschirr, Isomatten, Ferngläser 1/93 - Trekking-Rucksäcke 2/93 - Edel-Rucksäcke, Fahrräder 3/93 - Einpersonenzelte, Tourenkajaks 4/93 - Fahrradtypen, Trekkingschuhe 5/93 - Einsteigerzelte, Fleece-Jacken 6/93.

...überall im Buchhandel

Madagaskar-Handbuch / Bradt	DM 26,80
Madeira-Handbuch / Jessel & von Bremen	DM 22,00
Malawi / Hülsbömer & Belker	DM 22,00
Mauritius-Handbuch / Ellis	DM 22,00
Mexiko, Belize & Guatemala / Fründt & Muxfeldt	DM 29,80
Nepal 1 - Trekkingrouten / Bezruchka	DM 24,80
Nepal 2 - Trekkinghandbuch / Bezruchka	DM 24,80
Neuseeland-Handbuch / Stein	DM 29,80
Ontario-Handbuch / Stein	DM 22,00
Phuket & Ko Samui / Bolik & Jantawat-Bolik	DM 24,80
Polen / K. & A. Micklitza	DM 26,80
Prag / Aslan	DM 19,80
Radwandern in Masuren / Ostendorf	DM 19,80
Reisen mit dem Hund / Treß	DM 22,00
Rocky Mountains Nationalparks / Patton	DM 39,80
Rumänien / Müller	DM 22,00
Slowakei / K. & A. Micklitza	DM 22,00
Spanien a. e. Faust / Fründt & Muxfeldt	DM 26,80
Spitzbergen-Handbuch / Umbreit	DM 29,80
Sri Lanka / Müller-Wöbcke	DM 26,80
Südschweden	DM 24,80
Südsee-Trauminsel / Neale	DM 19,80
Tansania & Sansibar / Dippelreither & Walcher	DM 29,80
Tausend Tips für Trotter, Tramper, Traveller	DM 22,00
Teneriffa-Handbuch / Reifenberger	DM 22,00
Thailand / Bolik & Jantawat-Bolik	DM 29,80
Thailands Süden / Bolik & Jantawat-Bolik	DM 22,00
Touren in Masuren / Stein	DM 24,80
Touren in Schlesien / K. & A. Micklitza	DM 22,00
Tschechei - Tschechische Republik - Tschechien / Micklitza	DM 26,80
Ungarn / Ohlberg, Jochimsen, Micklitza	DM 22,00
USA - Nordwesten / Richter	DM 26,80
USA - Südwesten / Richter	DM 29,80
Venezuela auf eigene Faust / Travelot	DM 26,80
Vietnam-Handbuch / Jones	DM 24,80
Wandern in den kanadischen Rockies 1 / Patton & Robinson	DM 19,80
Wandern in den kanadischen Rockies 2 / Patton & Robinson	DM 24,80

Informationen aus erster Hand

Wandern in Neuseeland / Stein	DM 19,80
Wüsten-Survival / Nelson	DM 12,80
Zaire-Handbuch / Mang	DM 19,80
Zypern auf eigene Faust / Grandt	DM 24,80

KunstGeschichte

Die Kirchen Gotlands / Lagerlöf & Svahnström	DM 24,80

edition schwarzweiß

Auf nach Down Under / Sackstedt	DM 14,80
Bangladesch / Steinke	DM 29,80
Elfenbeinküste / Steinleitner	DM 16,80
El Hierro / Faust-Lichtenberger	DM 16,80
Irak / Kleuser	DM 14,80
Islands Geologie / Hug-Fleck	DM 14,80
Italiens Vulkane / Hug-Fleck	DM 12,80
Komoren / Thorpe	DM 14,80
Leben in der Wildnis / Berglund	DM 14,80
Manitoba & Saskatchewan / Stein	DM 19,80
Québec / Hansjosten	DM 19,80
Senegal / Mang	DM 14,80
Shetland & Orkney / Krüger-Hoge	DM 16,80
Sudan / Benjak & Enders	DM 16,80
Touren in Böhmen / Nagel	DM 19,80
Vereinigte Arabische Emirate / Röhl	DM 19,80

OutdoorHandbücher

	DM
Bd. 1 Rafting	12,80
Bd. 2 Mountainbiking	12,80
Bd. 3 Knoten	12,80
Bd. 4 Karte & Kompaß	12,80
Bd. 5 Eßbare Wildpflanzen	12,80
Bd. 6 Skiwandern	12,80
Bd. 7 Wildniswandern	12,80
Bd. 8 Kochen	12,80

	DM
Bd. 9 Bergwandern	12,80
Bd. 10 Solo im Kanu	12,80
Bd. 11 Kanuwandern	12,80
Bd. 12 Fotografieren	12,80
Bd. 13 Wetter	12,80
Bd. 14 Allein im Wald Survival für Kinder	12,80
Bd. 15 Wandern mit Kindern zu Fuß - per Rad - mit Kanu	12,80

☞ *Weitere Bände in Vorbereitung.*
Fordern Sie unseren aktuellen Verlagsprospekt an.